Perception Determines
Communication Success or Failure

感知力决定沟通成败

王法 —— 著

·北京·

内容简介

本书从感知力沟通效果的影响出发，介绍如何感知沟通对象以及如何增强感知力以达到沟通目的，从沟通前的准备、沟通中的关键要素以及沟通后的反思三个步骤展开，包括沟通前要明确的四点内容（为什么、要什么、给什么、做什么），还有沟通中如何保持融洽氛围、如何控制情绪、如何给予积极的反馈以及沟通后如何有效反思。本书的读者对象定位为社会中需要通过提升沟通能力来实现高效工作的人士，旨在帮助读者学习及演练来提升沟通能力。

图书在版编目（CIP）数据

感知力决定沟通成败 / 王法著. —北京：化学工业出版社，2022.6
ISBN 978-7-122-41024-5

Ⅰ.①感… Ⅱ.①王… Ⅲ.①心理交往 Ⅳ.①C912.11

中国版本图书馆CIP数据核字（2022）第049866号

责任编辑：刘亚军　　　　　　　　　　文字编辑：刘　璐　陈小滔
责任校对：王　静　　　　　　　　　　装帧设计：史利平

出版发行：化学工业出版社（北京市东城区青年湖南街13号　邮政编码100011）
印　　装：大厂聚鑫印刷有限责任公司
710mm×1000mm　1/16　印张10　字数137千字　2022年6月北京第1版第1次印刷

购书咨询：010-64518888　　　　　　售后服务：010-64518899
网　　址：http://www.cip.com.cn
凡购买本书，如有缺损质量问题，本社销售中心负责调换。

定　　价：58.00元　　　　　　　　　　　　　　　版权所有　违者必究

序一

Perception Determines Communication Success or failure

要说写《感知力决定沟通成败》一书，王法是再合适不过的，因为他在与别人沟通时就让人感觉很舒服。

《感知力决定沟通成败》是一本值得一读的书。为什么这么说呢？我试着从以下三个方面阐释一下。

1. 作者王法是个什么样的人？
2. 《感知力决定沟通成败》是本什么样的书？
3. 这本书对读者有什么用？

1. 作者王法是个什么样的人？

王法是一位有边界感的、既感性又理性的老师。

有边界感的　俄罗斯作家邦达列夫说过："人类一切痛苦的根源，都源于缺乏边界感。"高情商的人，最大的特点就是边界感特别强。边界感，有点汉语中"度"的味道，张弛有度，过犹不及。做人恰如其分，做事恰到好处，是人生的大学问。

认识王法老师快十年了，从同事、朋友到合伙人，日复一日的朝夕相处更让我深切体会到他的边界感：他可以做到按时下班，可以做到下班后把电脑留在办公桌上，也可以做到把工作与生活分清楚，更可以做到平和地说"不"而不会让你有不舒适感……我问他是怎么做到的，他说在沟通中，能否敏锐地去感知别人，然后根据自己所感知到对方的情绪、行为等调适自己的行为，就会让对方感到舒服，进而成为沟通高手。

感性的　他是一位热爱生活的培训老师，一直充满热情地探索在沟通中能够打动对方的方法。他善于观察生活并乐于分享，经常会把从日常不经意的小事中获得的感悟分享给周围的朋友和同事以激励他们。我清楚地记得我儿子9岁那年吐槽新东方课外辅导班，王法老师因跟我儿子沟通课外学习而成为我儿子心目中的"知心叔叔"，管中窥豹，可见一斑。

理性的 他是一位热爱学习的培训老师，善于从日常生活中积累素材，从日常谈话中抓取灵感，在平常阅读中截取案例，并综合运用到他的下一次培训中。他经常跟我争论，说我讲话不够严谨，有些举例没有数据和事实作为支撑，这样可能会让学员觉得不严谨，从而影响我的可信度。尽管这样，我从中感受到的并不是被否定，而是一位培训老师对课程的严谨、对学员的负责、对朋友的肝胆相照。

这样一位有边界感的、既感性又理性的老师，到底会写出一本什么样的关于沟通的书？

2.《感知力决定沟通成败》是本什么样的书？

市场上关于沟通的书成千上万，感知力沟通是第一次提出。

王法老师不是理论家，也不是思想家。他用自己工作、生活中点点滴滴的经历和感悟穿成了这本书的主要脉络：感知就是沟通。读这本书，如同跟王法老师聊天，不知不觉已到结尾。这本书稿我是一口气读完的。

他以感知为核心，搜集了大量社会学、管理学、心理学、学习理论和小实验融入本书，从各种视角阐释沟通，让那么多理论和实验变得不再枯燥无趣，赋予了本书理性的光辉。

他充分考虑读者感受，有感悟，有理论，没有说教，显示了他一贯的边界感。读这本书，就是跟着一位有边界感的、既感性又理性的老师开启一场谈话的旅程。

3. 这本书对读者有什么用？

王法老师希望这本书让大家了解并掌握感知力沟通的一些重要影响因素，再通过一些演练提升这些重要因素的相关技能，使我们能够成为感知力沟通的高手，让身边的人认为我们是很好的沟通对象，并乐于和我们沟通，愿意和我们合作。这些技能对于我们职场的发展、生活质量的提升都会有很大的帮助。

下面补充两点：

第一，人生所面临的所有问题都脱离不了三种关系，或者说受到三大事实的制约。我们想让人生上台阶，提高度，就要从本质上认知。沟通是人生大事，是人生三大关系或者三大制约的关键。首先，人与自然的关系。我们生活在地球上是第一种制约，没有选择。所以，生存是我们面临的第一大基本问题，职业能够让我们解决生存问题，沟通可以让我们在职场更通畅。其次，人与社会的关系。我们是群居动物是第二个制约。这意味着一个人作为个体无法更好地生存，合作是必需的，沟通能让我们更好地与人合作。最后，人与自己的关系。生育是第三个制约。生命的延续问题靠性和婚姻，沟通对婚姻很重要。我们也可以把与自己的关系泛化成传承问题。沟通不管是对生命的传承还是思想的传承，都极其重要。

第二，沟通是后天可以习得的，是人人都可以学会的。沟通人人会，天天用，貌似很简单。真的吗？好的沟通次次相似，"酒逢知己千杯少""高山流水""一个会意的眼神，心有灵犀一点通，此时无声胜有声"……

不好的沟通每每不同，"话不投机半句多""鸡同鸭讲""一句伤人的话，六月飞雪，杀人于无形"……

是什么导致了这种不同？是感知力。

在一千个人眼中，有一千种沟通。

王法老师的《感知力决定沟通成败》有理论、有故事、有方法、有案例。

让我们一起开启与王法老师的沟通之旅，在阅读中深入体会吧。

刘国胜

上海正工企业管理有限公司　创始人

序二 Perception Determines Communication Success or failure

"沟通真的有那么重要吗?我们靠的可是专业知识和技能。"有这种疑问的人在我工作过的外资制药公司医学事务部非常常见。在医学事务部,同事们的起点就是相关临床专业的医学硕士,一半以上是医学博士,甚至是留学归来且从事临床工作多年的精英。要论医学知识背景、相关疾病临床诊治路径以及国内外的指南共识,医学事务部的员工一定是遥遥领先的。在实际工作中,这群高学历、高智商的人也常常会遇到很多困扰。大家发现单纯的专业问题不是最难解决的,最难的是制订医学策略、计划,甚至一场医学教育活动的执行都需要跨部门跨团队的合作才能完成。单打独斗、个人英雄主义的时代早已不复存在。相信大家都读过《高效能人士的七个习惯》这本经典图书,书中早就针对合作问题给出了相应的答案:任何人都是从依赖到独立再到互赖的。而相互依赖是目前我们在职场中的常态。要想通过相互依赖取得工作的进展,促进绩效的提升,最终实现共赢,良好的沟通能力就显得无比重要。曾经为了进行产品知识、疾病知识的培训,我们医学事务部的高级医学顾问精心准备,查阅大量文献和临床指南,花了很多心血制作出培训资料并演示了幻灯片,希望能够通过自己专业的讲解将毕生所学全部输出。结果在培训现场,我们发现台下的听众目光空洞,昏昏欲睡,玩手机、敲电脑的不在少数。这让我们备受打击,觉得自己不被尊重,又感觉听众们不够专业,也没有学习的意愿。为什么会这样?问题究竟出在哪里?有没有改善的方法?

在王法老师的《感知力决定沟通成败》这本书里,我找到了答案:能被对方感知到的才是"声音",对方感知不到的只是"声波"而已。我第一次看到这个概念就开始反思,在跨部门的合作与沟通中,我是发出了"声音"还是发出了"声波"呢?是不是我的沟通对象根本就不理解我到底想说什么?听众"昏昏欲睡",是不是因为我们使用了太多的专业名词和术语,过于深奥地去解释药物的作用机理?我们只发出了"声波"，而对方根本感知不到，理解不了。究竟如何才能够帮助自己成为沟通高手？本书从理论联系实际的角度出发，帮助我们从如何更好地感知别人，到如何通过我们行为的转变让沟通对象更好地感知我们，再到沟通前的准备、沟通中的注意要点以及沟通后的反思，为大家全方位地提供了非常实用的方法和练习。

希望这本书能够给所有受到沟通问题困扰的人们带来价值。

党　焱

雅培贸易（上海）有限公司　医学总监

前言 Perception Determines Communication Success or failure

首先，我给大家介绍一个有趣的研究，由美国华盛顿大学心理学家John Gottman的团队设计并且实行，具体是这样做的。

研究团队找来一些夫妻，让这些夫妻就一个无法达成共识的话题进行十五分钟的沟通，如：该不该养宠物；如何与某一方的父母相处，要不要定期回去探望，每月给多少经济支持；孩子的教育问题等。

在这个沟通过程中，每人都被摄像机用特写镜头拍摄面部表情。沟通结束后，研究的设计人员会将他们在这段时间观察到的面部表情进行分类。有一些表情属于积极情绪的表达，如微笑、开心、愉悦，也有一些表情属于消极情绪的表达，如厌烦、烦躁、疲倦。

接下来，研究人员将双方所表现出的积极情绪与消极情绪的表情出现的频率进行汇总，根据汇总的结果，也就是两种情绪所占比例的高低，来判断他们若干年之后离婚的可能性，准确率高达90%！更为夸张的是，有一些观察人员只需要三分钟便可以判断出这一对夫妻的婚姻是成功还是失败。

这个研究结果听起来是不是很震惊？请大家猜一猜，为什么准确率如此之高？什么样的表情是消极情绪中杀伤力最高的表情呢？

现在告诉大家答案。杀伤力高居第一的表情是蔑视，就是流露出瞧不起对方的神情。第二高是冷漠，就是无论你怎么样说，对我都没有任何影响，我根本不关注你。指责同样排名靠前。只要在交流过程中观察到反复出现这几种情绪的表情，基本上可以判定这两个人一起生活的可能性不大了。

这个有趣的研究让我展开了思考。联系到我们每一个人，在沟通中是不是有时候也会流露出这样的表情？这些表情对于沟通对象是不是有很大程度的影响？这种表情是否会给对方带来不好的感受，使他不愿意与你沟通？

就像这项研究中的一些夫妻，因为感受很差，再考虑到每天还要生活在一起，难免有一些事情需要沟通，所以即使离婚也不愿意继续共同生活，这就是预测准确率如此之高的重要原因。再继续展开的话，我们在沟通过程中表现出来的一系列行为，包括面部表情、肢体语言、语音语调等，是不是也会影响我们的沟通效果？

由此我想到了一个词叫作感知力，这也是这本书名字的来源。因为在现代社会，人的自我意识在增强，人们越来越注重自己的感受，而感受又来自每个人的感知。

这就带给我们这样的启发：在沟通的过程中，能否敏锐地感知沟通对象，从自我的角度增强感知能力。根据感知到对方的情绪、行为等，在沟通中调节自己的沟通方式，如沟通节奏、语言表达等。从自我的角度来讲，我们应该做哪些方面的调整来让对方更好地感知自己，如沟通的氛围融洽吗？我组织的语言对方能理解吗？我的肢体语言和面部表情能让对方正确感知到我想表达的意思吗？将这些内容结合起来，在整个沟通过程中加以运用，就能够让我们更有效地沟通，从而达到沟通目的。

本书从这几个角度出发，通过以上内容的介绍及练习，让大家能够更好地感知别人，也能让别人更好地感知我们。同时，本书介绍了一些沟通前、沟通中以及沟通后的注意要点和方法，帮助大家更好地达到沟通目的。

本书的出版得到化学工业出版社各位编辑老师的大力支持。陈汀、张宁在本书编写过程中对内容和文字做了大量修改、润饰和校对工作，在此一并致以诚挚谢意。

希望通过本书的学习，大家了解并掌握感知力沟通的重要影响因素，再通过演练提升相关技能，使我们都能够成为沟通高手，让大家乐于和你沟通，愿意和你合作。这些技能对于你在职场的发展和生活质量的提升都会有很大的帮助。

著　者
2022年3月于上海

目录 Perception Determines
Communication Success or failure

第一单元　什么是感知　001

一、感知的定义 // 002

二、什么是感知力 // 003

三、每个人的感知力一样吗 // 003

四、人类的八种智能与感知力的关系 // 005

五、感知印象理论 // 011

六、感知对于沟通的影响 // 012

第二单元　了解"感知力沟通"，成为沟通高手　015

一、提升自我的感知力 // 016

　（一）倾听并理解对方 // 016

　（二）沟通的"55387"原则 // 020

　（三）沟通中充分运用同理心 // 023

二、考虑对方的感知 // 030

　（一）感知比知识更重要 // 031

（二）独一无二的"个人感知滤网" // 031
　　（三）"声音"与"声波"的区别——有效信息的
　　　　发出与接收 // 033
三、影响真正的"声音"的要素 // 034
　　（一）肢体语言与语音语调 // 036
　　（二）感知力沟通的白金法则 // 051

第三单元　感知力沟通之前的准备　　058

一、主动沟通的重要性 // 059
二、沟通前要明确的四点内容 // 061

第四单元　感知力沟通中的四件事　　073

一、始终保持融洽氛围 // 074
　　（一）什么是融洽氛围 // 074
　　（二）融洽氛围为什么很重要 // 076
　　（三）如何感知融洽氛围被破坏 // 079
　　（四）融洽氛围已被破坏怎么办 // 081

二、控制难解的情绪 // 082
　　（一）提升格局 // 083
　　（二）正向意图假设 // 091

三、给予积极的反馈 // 095
　　（一）否定之前先肯定 // 096

（二）正向反馈及纠错反馈 //098
　　（三）三明治式的反馈 //112
　　（四）同步与配合对方 //114

第五单元　感知力沟通后的反思　　117
　　一、反思的作用 //118
　　二、如何进行有效反思 //121
　　三、感知力沟通的深层次反思 //127
　　四、感知力沟通反思后的行动 //136

后　　记　　　　　　　　　　　　143
附　　录　　　　　　　　　　　　145
参考文献　　　　　　　　　　　　146

第一单元
什么是感知

**Perception Determines
Communication Success or failure**

感知力决定沟通成败
Perception Determines
Communication Success or failure

一、感知的定义

什么是感知？

人类用心念来诠释自己器官所接收的信号，称为感知。为什么我们能够感知到呢？因为我们身体上的每一个器官都是外在世界信号的"接收器"，无论是视觉、听觉、味觉或触觉等，只要是它接收范围内的信号，经过某种刺激，器官就能将其接收，并转换成感觉信号，再由自身的神经网络传输到大脑中进行情感化处理形成知觉，这样就形成了感知。

感知是在心念的作用下完成的。人们会对刺激信号进行解读与破译，并在内心产生各种感觉。这种感觉的变化，就是人的心念对外在事物的一种主观反映。

我们在日常生活中经常会有这样的经历，某人告诉我们哪些人有什么问题，哪些电影不好看，哪些餐厅不好吃，等等。接收这些信息之后，再经过自身的综合判断发现自己的感知和别人告诉的并不一样，这就是自己形成的感知。

再举一个例子，我们都有去不同餐厅就餐的经历，餐厅工作人员面带微笑，说着同样的话，表示欢迎，但为什么我们的感知有时完全不一样呢？同样是露出八颗牙齿的微笑，给人感觉是机械的、缺乏真情实感的微笑，还是发自内心的微笑，可以带给客人不一样的用餐体验。

这从另一个角度说明了什么叫感知，每个人处在社会环境中的时候，都无时无刻地接受各个方面传递的信息，对这些信息整合加工形成感知，进而影响我们对事物的判断以及下一步的行为。我们接收信息形成感知，别人同时也在接收我们传递的各种信息形成感知，这两种感知无时不在，并且会影响双方的判断以及下一步的具体行为，这就是感知对我们的影响。

二、什么是感知力

在了解了感知的定义之后，再来看另一个重要的概念"感知力"。

感知力（perception ability），也可以称为感受力。感知力是人所独有的特性，感知力敏锐的人对于外界所给予的刺激反应比常人强烈。我们都有过这样的体会，不同的人对于事物的感知力有相当大的差距。

具体的感知力包括：表情神态感知力、肢体语言感知力、说话语气感知力、文字阅读感知力、图形图像感知力、触觉感知力、嗅觉感知力、味觉感知力、心灵沟通感知力等。以上几乎是我们每个人都具备的感知力。当然，感知力的种类太多了，除了上述部分还有其他种类，实在无法将人类的感知力全部总结出来。

联想到我们身边形形色色的人，从这一系列感知力来说，每个人对于这些不同的感知力都会有一些差别，有些人对文字图像特别敏感，也有些人在某些感官上有超乎常人的敏感性。你是否已经想到了你的某些同事或者朋友？

下面给大家介绍感知力的个体差异问题，以及这些差异会如何影响感知形成以及行为表现。

三、每个人的感知力一样吗

不同的人具有不同的感知力。如表情神态感知力，有些人在沟通的时候，只要对方有一个小小的表情或神态变化，他就能通过这些变化感知到对方的内心活动，从而调整沟通方式。

最近比较流行的"微表情读心术"，就是通过微表情变化判断内心活动。不同的人对于微表情变化的感知力也是有很大差别的。有些人尽管没有学过所谓的"微表情读心术",但他在交流的时候,随时可以捕捉到对方微表情的一些变化来判断对方的想法。也有一些人,即使学了"微表情读心术",在对方表情有较大变化的时候,依然无法捕捉到相应表情变化所带来的信息。

再如文字阅读感知力。同样一段文字,同一篇文章或小说,不同的人阅读后所形成的感受可能不同。有些人能感受到作者在写这段文字的时候想要表达的心境;有些人看了之后完全没有感觉,根本体会不到作者想通过这段文字表达什么。

我身边有一些喜欢文学、文笔也很不错的朋友,他们在这方面的感知力非常强,在读一些散文或者诗歌的时候能够完全体会到作者当时的心境,甚至在脑海中能够想象出作者在创作时候的情景。同样的道理,对于其他的艺术作品,每个人的感知也会有很大的不同。

还有一些感知力不太强的例子。我有一个朋友对肢体语言的感知力不是很敏锐。有一次我们一起吃饭,她的包放在靠外边的一个椅子上,因为担心那边人来人往,包可能会被碰掉或被偷,所以我把包移到了靠里的沙发上,她当时在和我们讲一件事情,于是我在把包放过去的时候,特地和她进行了一个眼神的交流,"告诉"她我把包放到里面的沙发上了。我们都认为她接收到了这个信息。结果,我们在聊了一会儿其他事情之后,她突然大叫一声:"我的包呢?"我们都被吓了一跳,而且她自己当时非常惊慌失措,就好像包被人偷了一样。

我的这位朋友就是对肢体语言方面的感知力比较差。因此,我们也会对她形成一个感知,有了这个感知,我们以后和她沟通时会多加确认,一定确保她接收到了这个信息并理解了。

由此可见,每一个人都会给别人留下不同的感知,这个感知的印象会影响我们打交道的方式,久而久之会影响我们的人际关系、职场发展等方面。

还有很重要的一点是心灵沟通的感知力。我们经常说的"善解人意",其实指的就是心灵沟通的感知力。有些人这方面的感知力非常强,他们在与人交流沟通的时候能感受到对方内心真正想表达的意思是什么。

大家也许会问,感知力可以通过后天训练得到提升吗?不得不承认的是,感知力在很大程度上是一种天赋。

尽管每个人的感知力天赋不同,但是对于日常工作和生活的沟通来讲,适当地进行一些感知力训练来提升不同方面感知力的敏锐度,对于我们感知能力的提升是有一定帮助的,前提是我们要对自己这方面有一定的认知。

四、人类的八种智能与感知力的关系

我们先来看一个测试,请大家对照这些选项自评。

生活中的行为举止会折射出智能优势以及感知力方面的能力,请对照以下 20 条表现,拿支笔记录下来,看看你在哪些方面的表现尤为突出。

(1)善于用语言描述听到的各种声响。

(2)已经听过或看过几次的故事书或是动画片,如果有人朗读故事书时更换了里面的某个词语或对话,你能立刻发现,并告知原来正确的词语或对话。

(3)喜欢给人讲故事,而且讲得绘声绘色。

(4)喜欢提些怪问题,如人为什么不会飞等。

(5)喜欢把玩具分门别类,如按大小或颜色放在一起。

(6)喜欢伴随着乐器的弹奏唱歌。

(7)喜欢倾听各种乐器发出的声响,并能根据声响准确地判断出是什么乐器。

(8)能准确地记忆诗歌和电视里经常播放的乐曲。

（9）善于辨别方向，极少迷路。

（10）乘车时，对经过的站名或路标记得清清楚楚，并能向同行的人提起什么时候曾经来过这个地方。

（11）喜欢东写西画，形象逼真地勾勒各种物体。

（12）喜欢自己动手，很多东西一学就会。

（13）特别喜欢模仿戏剧或电影人物的动作或对白。

（14）善于体察家人的心情，领会家人的忧与乐。

（15）落落大方，动作优雅懂礼貌。

（16）看见生人时会说"他好像某某人"之类的话。

（17）善于把行为和感情联系起来，如说："我只有生气了才这样干的"。

（18）善于判断该做什么、不该做什么。

（19）善于辨别出物体之间的微小差距。

（20）喜欢摆弄花草、逗弄小动物，而对一般的玩具兴趣不大。

勾选好选项之后，再来看看这些不同的选项是如何体现出每个人的感知力与智能类型的联系的。

20世纪80年代，美国著名发展心理学家、哈佛大学教授霍华德·加德纳博士通过研究，提出了著名的多元智能理论，将人的智能分为八种类型。这八种智能与我们刚才讨论的感知力是息息相关的，接下来给大家介绍一下这个研究。这个研究结果可帮助大家认知自我的感知力与智能类型，也可以做一些相应的练习来提高这方面的能力。

多元智能理论的八大智能介绍如下。

1.语言智能

这是人类最早表现出来的智能，是指有效地运用口头语言及文字表达自己的思想并理解他人，灵活掌握语音、语义、语法，具备用言语思维、用言语表达和欣赏语言深层内涵的能力。适合的职业是：政治活动家、主持人、律师、演说家、编辑、作家、记者、教师等。

如果（1）、（2）、（3）条表现突出，可能具有卓越的语言才能。

2. 数学逻辑智能

是指有效地计算、测量、推理、归纳、分类，并进行复杂数学运算的能力。这项智能突出的人对逻辑的方式和关系、陈述和主张、功能及其他相关的抽象概念有较强的敏感性。适合的职业是：科学家、会计师、统计学家、工程师、电脑软件研发人员等。

如果（4）、（5）条表现突出，说明有逻辑数理方面的天赋，将来可能是个工程师或数学家。

3. 音乐智能

是指人能够敏锐地感知音调、旋律、节奏、音色等的能力。拥有这项智能的人对节奏、音调、旋律或音色的敏感性强，与生俱来就拥有音乐的天赋，具有较高的表演、创作及思考音乐的能力。适合的职业是：歌唱家、作曲家、指挥家、音乐评论家、调琴师等。

如果（6）、（7）、（8）条表现突出，可能在音乐方面有天赋，不妨考虑去学习乐器和唱歌。

4. 空间智能

是指准确感知视觉空间及周围一切事物，并且能把所感觉到的形象以图画的形式表现出来的能力。这项智能突出的人对色彩、线条、形状、形式、空间关系很敏感。适合的职业是：室内设计师、建筑师、摄影师、画家、飞行员等。

如果（9）、（10）、（11）条表现突出，说明有丰富的空间想象能力，未来可能是一名画家或城市规划师。

5. 身体运动智能

是指善于运用整个身体来表达思想和情感、灵巧地运用双手制作或操作物体的能力。这项智能包括特殊的身体技巧，如平衡、协调、敏捷、力量、弹性和速度以及由触觉所引起的能力。适合的职业是：运动员、演员、舞蹈家、外科医生、宝石匠、机械师等。

如果（12）、（13）条表现突出，可能具有较高的身体运动智力，可以用肢体来表达自己。

6. 人际智能

是指能很好地理解别人和与人交往的能力。这项智能突出的人善于察觉他人的情绪、情感，体会他人的感觉感受，能辨别不同人际关系的暗示以及对这些暗示做出适当反应。适合的职业是：政治家、外交家、领导者、心理咨询师、公关人员、推销等。

如果（14）、（15）、（16）条表现突出，说明在人际关系方面的智力较好，喜欢交友，未来可能是个公关能手。

7. 自我认知智能

是指有自我认知和自知之明并据此做出适当行为的能力。这项智能突出的人能够认识自己的长处和短处，意识到自己的内在兴趣、情绪、意向、脾气和自尊，喜欢独立思考。适合的职业是：哲学家、政治家、思想家、心理学家等。

如果（17）、（18）条表现突出，说明有着良好的自我认知能力。

8. 自然探索智能

是指善于观察自然界中的各种事物，对物体进行辨别和分类的能力。这项智能突出的人有着强烈的好奇心和求知欲，有着敏锐的观察能力，能了解各种事物的细微差别。适合的职业是：天文学家、生物学家、地质学家、考古学家、环境设计师等。

如果（19）、（20）条表现突出，说明自然观察智力明显具有优势，喜欢亲近和发现自然。

"每个孩子都是一个潜在的天才，只是经常表现为不同的形式。"这是霍华德·加德纳的一句名言。霍华德·加德纳博士提出的多元智能理论，几十年来已经广泛应用于欧美和亚洲许多国家的幼儿教育，并且获得了极大的成功。他认为，每个人可能会比较擅长其中某几项智能，而其他智能相对较弱。多元智能理论认为传统教育偏重智力商数（IQ）这种"唯一机会的教育理论"，这会造成许多幼儿失去自信。根据多元智能理论，一个人聪明与否，不只是表现在学习能力上，还可从其他方面评定一个人的能力。智能是一种人性整合的生活操作模式，是解决问题或创造新事物的能力，而非只侧重IQ（智商）。

他强调：实践证明，每种智能在人类认识世界和改造世界的过程中都发挥着巨大的作用，具有同等重要性。每个人都在与生俱来的某种程度上拥有这八种以上的智力潜能，同时环境和教育对于能否开发和培育这些智力潜能至关重要。

许多优秀的学前教育老师即使不知道多元智能理论，也会使用多元智能的概念。早在多元智能理论的概念提出以前，一些幼儿园的活动内容里就包括了音乐、歌曲、艺术、身体游戏、合作游戏。

上述八种能力在不同年龄阶段都有其发展的关键期，过了关键期则发展趋于缓慢。若父母能提早发现，并开始循序渐进地培养孩子，将这些能力提高，帮助孩子尽早发展各项智能，就可以提高孩子获得成功和幸福的机会。

不同的玩具可以激发孩子不同的能力，如国际象棋可开发数理逻辑能力。孩子天性爱玩，通过游戏和借助玩具发展智力岂不是妙招？

（1）语言能力：各种游戏故事书、图卡字卡，有的会发出声音。还可以买些玩偶来进行对话游戏。

（2）数理逻辑能力：各种棋类游戏，如国际象棋、扑克牌、新式天平游戏、顺序图卡，或是中国传统的九连环、华容道等。

（3）音乐能力：仿真的小乐器、音乐铃，或是有些具有声光效果或模仿

感知力决定沟通成败
Perception Determines Communication Success or failure

各种声音的玩具。

（4）空间能力：拼图、各种积木、立体或平面的迷宫，各种组装玩具或涂鸦道具。

（5）肢体运动能力：大肌肉运动，如拍球、骑儿童单车；小肌肉运动，如积木、串珠、折纸、涂鸦画板。

（6）人际能力和内省能力：过家家、手偶、布偶等以及分工合作游戏。

（7）自然探索：动植物、自然生态的图卡影片、拟真动植物玩具、玩具显微镜、放大镜一类的玩具。

通过对这些内容的了解，相信大家对八大智能与感知力之间的关系有了进一步的认识，这些内容会对我们了解自己或者家人的感知力有所帮助，还可增加自我认知以及对家人的了解。

为什么要做这样的了解？因为每一个人都有很重要的一点，那就是对自我的认知，而在这一点上我们往往做得不好。自我认知的不全面、不深刻，往往导致自己在判断上出现偏差，就像刚才谈到的各种感知力，如果没有清楚的自我认知，会给我们的选择带来问题，可能让自己走一些弯路。

我们有一句经典名言叫作"人贵有自知之明"。老子在《道德经》里也曾经说过："知人者智也，自知者明也。"在古希腊一座智慧神庙的大门上，也写着这样一句箴言："认识你自己。"古希腊人还把它奉为"神谕"，是最高智慧的象征。

从古到今，从中到外，都告诉我们一个重要的真理，就是人要能够具备清醒的自我认知。结合前面给大家介绍的人类的感知力、智能类型等，希望能够让大家在自我认知方面有进一步的提升，因为自我认知就是对自己的一种感知，通过提升自我认知来更加了解自己，哪些方面是优势，哪些方面需要提高，再通过一些针对性的训练来提高自己相对弱势的地方。

关于自我认知，在本书的最后一个章节反思的部分会有更加详细的介绍。

尽管普通人在某些感知力方面永远比不上有超常天赋的人，但是让自己变得更有能力总是一件有益的事情。

五、感知印象理论

前面谈到的是从自我角度出发提升感知力，现在给大家换一个角度，谈谈别人如何感知我们的问题，因为我们在感知外界事物的同时，也时刻在被别人感知。

首先给大家介绍一个理论，叫作感知印象理论。

我们每一个人在日常的工作和生活中都会给别人留下一些印象，这些印象就是别人对我们的感知，这些印象会影响别人是不是可以放心地把任务交给我们，对方是否愿意合作等。

有一些人给对方的印象是非常专业，可以令人放心。为什么对方会对他这么放心？因为他在日常工作中表现出来的能力给人留下的感知印象非常好。

有一些人给大家留下的感知印象是非常有责任心，大家对他的评价非常高，绝对不会怀疑他的人品问题。因为每次出现各种情况，尤其是一些不好的情况时，他都表现出敢于担当，从来不会把责任推给别人，犯了错误也勇于承认。

相反的，有一些人的专业能力不是那么强，关键时刻掉链子，出现一些问题的时候从来不担当，总是把责任甩给别人，我们对这样的人也会通过对他的感知，形成相应的感知印象，当然是一些不好的感知印象。

感知印象对我们有什么影响呢？如果我们给他人留下很好的感知印象，如专业、敢担当、勇于付出等，就会拥有更多的发展机会。如果平常给人的感知印象是专业性很差、无责任心、总是甩锅给别人、斤斤计较，结果必然是大相径庭。

因此，感知印象对每一个人来讲非常重要，而且无论在工作中或者生活中都是一样的。生活中的朋友、亲戚、同学等，他们在我们心中都有一个感知印象，这个感知印象同样取决于刚才描述的那些具体行为。同样的，我们在日常中的点滴表现会影响别人对我们的感知，也就自然地影响我们的人际关系和发展。

感知印象的形成大部分来自日常中的行为，而不是关键时刻的一些表现。日常中的行为表现，再辅以关键时刻的表现，将这些结合起来会使别人对你的感知印象非常好，因此日常的具体行为才是重要的基础。

说到这里，再给大家介绍一个我们经常所说的词，叫作"靠谱"。大家都认可"靠谱"的人，因为这是对一个人很高的一种感知印象。究竟哪些人是"靠谱"的人呢？我给大家介绍一种诠释"靠谱"的方法，可以用三条具体的行为标准来描述，就是"凡事有交代，件件有着落，事事有回音"。

能做到这三点的人，基本上可以说是一个"靠谱"的人。我们可以用这三条标准来要求自己，通过这样"靠谱"的感知印象为自己将来的发展打好基础。

六、感知对于沟通的影响

了解了感知、感知力以及感知印象之后，下面要谈一下本书的重点，感知对于沟通究竟有没有影响，如果有，是什么影响呢？

日本著名的管理大师大前研一先生（Kenichi Ohmae）说："21世纪，感知比知识更重要。"

怎么理解这句话？大前研一先生指出，在21世纪，新经济是一块看不见的大陆，因此每个人必须通过自己的洞察力，也就是透过自己感知别人的能力来了解市场，了解客户，了解竞争的趋势。

我们每天都在进行沟通,如与客户沟通、与上级沟通、与同事沟通、与家人沟通等,感知是相互的,感知会影响人们是不是愿意有更多的沟通及合作,以及决定自己下一步如何合作。

当今社会,为什么感知与感受越来越重要了呢?因为随着人们生活水平的提高,每个人的自我意识都在迅速提升,所以大家对自己内心感受的重视程度日益增加,这带给我们一点很重要的启示,即我们一定要关注自己的行为,因为这些行为会影响对方对自己的感知,这些反映在对方意识中就是我们带给对方的感受如何。

我在对医生进行医患沟通培训的时候,经常会问这样一个问题。

医生被患者投诉通常有两大类原因:第一类是漏诊误诊;第二类是服务态度,也就是由沟通所引发的问题。

大家认为哪一种原因占的比例会更高呢?

我想大家可能猜对了,由沟通所引发的服务态度类的投诉占比更高。

某项对三家综合医院医疗投诉的分析表明,由沟通问题,也就是服务态度所引发的患者投诉,占到医生被投诉比例的80%以上。这就告诉我们患者的感受是多么的重要。

再给大家举个例子。我在美国管理协会有一门课程叫作"技术人员的同理心沟通",非常受欢迎。

为什么这门课程这么受欢迎呢?原因之一就是他们在照顾人的感受方面做得不好,不会太在意沟通对象的感受。他们在进行技术支持或者售后服务的时候,对于照顾客户感受方面的意识相对较弱,所以在一些沟通用词、面部表情、肢体语言、语音语调等细节方面有时候不够注意,会让客户有一些不好的感受。他们的技术能力非常强,客户需要他们的售后服务及维修,心理感受不好怎么办呢?有的客户就会把问题反映给销售部门,而销售部门只负责销售,他们会把此事推给售后部门,反复几次之后,跨部门之间的合作就会出现严重的问题。

感知力决定沟通成败
Perception Determines
Communication Success or failure

　　经过系统的原因分析，笔者发现这种现象的根本原因是技术人员缺少同理心、沟通技巧不够好，从而让客户的感受比较差。为了解决这个实际问题，所以开设了"技术人员的同理心沟通"这门课程，专门帮助这些技术人员提升沟通技巧，其中最重要的就是通过行为上的改变来改善客户的感受。通过提升这方面的技能，这些技术人员不但在与客户打交道过程中让客户感受更好，也能够照顾到跨部门同事的感受，从而解决因感受而造成的沟通与合作问题。

　　这本书的作用就是让大家先从自我感知力的提升出发，先做到自知，了解自己的感知力以及学会如何使对方更好地感知自己，再运用本书中的方法进行训练，提升这方面的能力，增强沟通的效果，给日常的工作和生活带来帮助。

第二单元
了解"感知力沟通",成为沟通高手

Perception Determines Communication Success or failure

感知力决定沟通成败
Perception Determines
Communication Success or failure

一、提升自我的感知力

要想成为沟通高手,最佳状态就是与沟通对象在愉悦的氛围下达到沟通目的。无论是家长与孩子沟通、下属与领导沟通、员工与其他部门同事沟通,还是销售人员与客户沟通等,都需要提升自我的感知力,主动去感知对方,充分感知沟通对象当时的状态,包括他的心境、想法、情绪以及感受等,从而维持愉悦的氛围,为达到沟通目的打下一个良好的基础。

如何提升自我的感知力?我将从倾听并理解对方、沟通的"55387"原则、沟通中充分运用同理心三个方面给大家介绍,当充分注意这三个方面并且加以运用之后,就可以提升自我的感知力,更好地感知沟通对象要表达的内容,达到沟通目的。

(一)倾听并理解对方

倾听并理解对方,对于我们的要求是提升表情神态感知力、肢体语言感知力和说话语气感知力。如何提升这方面的感知力?我会结合"倾听的四个层次"来向大家介绍。

举一个例子。当你和女友出去逛街,天气有点儿热,女友说了一句"天好热呀"时,你会有什么反应呢?一般有如下几种情况。

第一种情况是说:"嗯,是有点儿热。"

第二种情况是说:"哦,热吗?"

第三种情况是没注意对方在说什么,所以回应一个字:"嗯。"

还有一种情况是这样说:"我们找个凉快的地方休息一下,喝个冷饮吧。"

你会是哪一种呢?这四种反应代表了倾听的四个层次(图2-1)。

倾听的最高层次叫作"我在听你想说的事",就是能够听出说话者要表达的意思,对方的"弦外之音"是什么。

在日常生活中,我们经常作为客户和一些销售人员沟通。在与不同的销

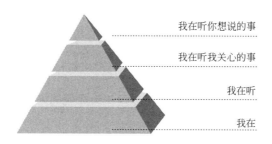

图2-1 倾听的四个层次

售人员沟通的时候,我们喜欢能够听出我们所想表达意思的销售人员,当然也更容易与这些销售人员达成交易。因为现在很多客户内心的真实想法和需求,他是不会主动说出来的,而销售人员应能够非常敏锐地判断出客户的真实意思。

关于倾听的层次,我给大家讲一个发生在我身上的真实故事。

我在做医药销售的时候,经常会请一些医院的专家去讲课,主要讲的是相应治疗领域内的最新进展。而这种诊疗进展使用的治疗方案,就会和这些外资制药企业最新上市的产品相关。通过这样的医学教育活动让当地的医生了解最新的诊断方法,从而给相应的患者使用这些产品。这也是外资制药企业在新产品上通常采用的推广方式。

有一次,我邀请北京一位知名的专家去我负责的区域讲课,我刚好去北京出差,就决定一起去机场。这位专家刚刚买了一台新车,对自己的车爱不释手。因为平常工作很忙,总是没有机会开,所以只要有去机场的机会,他就特别喜欢开着自己的车去机场,然后把车停到机场的停车场,回来的时候再自己开车回家。所以这一次他先去酒店接上我,然后我们一起去机场。一路聊得很开心,他热情地介绍新车的种种性能、技术参数、与其他车的对比等。我对车也很感兴趣,所以谈得很有兴致。那天的路况非常好,很快就要到机场了。就在快进T3航站楼停车场的时候,这个专家突然嘟囔了一句:"T3的停车费还挺贵的。"

我在听到这句话之后立刻说:"教授,您的交通费已经让我们团队的人做

感知力决定沟通成败
Perception Determines
Communication Success or failure

了预算，所以这个停车费会帮您解决的，您放心吧。"

这位专家特别激动地扭过头看着我，说了一句："跟你打交道就是让人心里舒服！"

（注：专家差旅费用具体政策，各个行业及公司有不同的合规规定，此例子仅作参考。）

这个专家为什么这么激动呢？就是因为作为一位专家，他可能也不太好意思告诉我"你把停车费给我报销了吧，我不愿意自己出。"所以他默默地说出了这么一句话。

虽然"说者无心"，不过我们要做到"听者有意"。用倾听的最高层次听出客户的真实意思，也就是听出了"对方想说的事"，所以我就有了这样一个回复，让专家的满意度特别高。以后再有邀请这位专家去讲课的需求，即使他的周末安排紧张，他也愿意跟着我去参加我们区域的活动。

这就是倾听的最高层次带给我的直接帮助。

设想一下我当时没有理解这一层次而是用一句"是的，我也觉得停车费挺贵的"，然后没有反应了。这个层次属于"我在听"，客户会是什么感受？

更夸张一点，你要是来一句："贵吗？我觉得一点也不贵啊。"

这基本上属于比最低层次还要低了，当然这是开个玩笑，不过我们不知道会不会有人的倾听能力真的是这样。

我们还要清楚地认识到一点，由于东方人普遍比较含蓄，所以客户往往不愿意直接说出自己内心的真实需求和想法。我们作为销售人员，应当时刻提醒自己有没有运用倾听的最高层次"我在听你想说的事"来判断出客户背后的意思，听出客户背后的需求来提高客户对你的信任度以及满意度。

以上是与客户打交道的一个例子，我们在与领导、同事、下属、朋友、家人沟通的时候何尝不是这样呢？

再举一个其他场景的例子。

你在和领导沟通项目进展情况，在你滔滔不绝地介绍完之后，领导说了几句对进展的看法，突然问了一句：

"几点了？"

你就要判断领导说这个"几点了"是在问你现在几点了吗，这句话真实的意思是什么。他的意思可能是他接下来还有别的安排，不能再给你时间了。领导又不愿意直接将你拒之门外，所以他会选择采用这种委婉的方式。

你这个时候就应该立刻告诉领导：

"哦，我不多耽误您的时间了，今天先介绍到这儿，我是下周一还是下周三再来向您跟进汇报一下进展呢？"

如果你具备这样的倾听技巧，领导会觉得你是一个善解人意的人，就会更加喜欢你，这也为你在他心中留下良好印象奠定了基础。大家应该记得前面介绍的"感知印象理论"吧，这些细节都会影响你在别人心中的感知印象。

还是举刚才那个例子。

领导说：

"几点啦？"

你很认真地看了表，然后告诉他：

"现在是10：40。"

领导会是什么感受？

如果是"我在听"或者"我在"这一层次会是什么表现呢？

你只顾着继续说话就像没听见领导问你一样，领导的感受一定不好，恨不得立刻把你赶走，并且心里说：

"这家伙，我的意思他真的听不出来啊，这方面的感知力真差！"

大家可以想象，如果倾听层次都在偏下几层的话，是一件多么不好的事情。这就是倾听的不同层次，它决定着领导或者同事对你的感知印象，而这种感知印象的重要性不言而喻。

如何做到更高层次的倾听呢？我们前面提到过要增强表情神态感知力、肢体语言感知力和说话语气感知力，所以我们一起来了解一下沟通的"55387"原则。

（二）沟通的"55387"原则

前面了解了倾听的四个层次，并且感受到了倾听的不同层次对于感知对方真实意思的重要区别，以及对达成沟通目的的不同影响。

如何能够更好地达到第一层次"我在听你想说的事呢"？接下来，我要给大家介绍沟通中非常重要的一个概念：沟通的"55387"原则。

什么是"55387"原则呢？我给大家举一个例子。

有一部电影叫《摘金奇缘》，女主人公叫瑞秋，她是一个典型的ABC（American Born Chinese），也就是在美国出生的第二代华裔女孩，性格开朗。因为她从小受美国教育长大，因此价值观和处事风格都受到美国文化的强烈影响。

瑞秋从小是被妈妈一个人带大的，而她的妈妈是去美国的第一代移民。她妈妈非常不容易，做各种各样的工作把瑞秋养大，供她上大学，使她后来在一所大学里担任教师，工作非常不错。她妈妈也以她为荣。

在这个大学里，瑞秋和男孩尼克一见钟情，尼克也是亚裔，来自新加坡。两个人彼此感觉非常好，也有着非常深的感情。尼克没有告诉瑞秋的是，其实他的家族是在新加坡排名前三的富豪家族。尼克非常自立，并没有靠家里面给他提供的优越条件，而是靠自己自力更生和瑞秋一起在美国打拼。

有一天，尼克从小到大的玩伴，也是他特别好的朋友，打电话给尼克，邀请尼克回新加坡去参加他的婚礼。于是，尼克决定带着瑞秋一起回新加坡去参加好朋友的婚礼，同时也想让瑞秋和自己的家人能够见面，让未来的媳妇儿早点见到公公婆婆。

从机场开始就产生了许多有意思的情节，比如瑞秋习惯性地下了车就冲向经济舱办票区域，结果尼克订的是豪华头等舱，从办理乘机手续开始就有专人服务，瑞秋非常惊讶，登机后又享受到了豪华头等舱的服务，包括两人的包间、各种精美的头等舱餐食以及高档红酒等。

瑞秋这时知道了自己这个男友非同小可，自己这一趟新加坡之旅还不知道会发生什么，因此她也做好了发生各种情况的思想准备。

他们回到新加坡后，瑞秋第一次见到了未来的婆婆。在见面的过程中发生了如下的对话：

瑞秋：见到您真高兴，或者我应该叫您"阿姨"，我还在学习这些礼数。

尼克妈妈：我也很开心见到你，可是尼克的爸爸不在，他去上海处理公务了。尼克说你是教师，你教什么呢？

瑞秋：我教的是经济学。

尼克妈妈：经济学，听起来很有挑战性啊，你爸爸妈妈也在学术界吗？

瑞秋：没有，实际上我爸爸在我出生之前就去世了，我妈妈没有上过大学。当她移民去美国的时候，她都不太会说英语。但是我妈妈很努力，她现在是一名非常出色的房地产经纪人。

尼克妈妈：真是一位自力更生的女性，她一定为你感到非常骄傲吧？

瑞秋：她知道我对我的职业很有热情，她也是这么希望的。

尼克妈妈：追求自己想做的，典型的美国作风啊。你妈妈真的是非常开明，不像这里，父母都喜欢给孩子铺路。

对话结束后，尼克的妈妈就去忙别的事情了。

单从这些对话的文字部分来看，似乎没有什么问题。

但是对话场景结束后，瑞秋却给尼克说了一句话：

"她讨厌我（She hates me）。"

她感受到尼克的妈妈表露出了明显的不喜欢她的感觉。

为什么瑞秋会有这样的感觉呢？如果大家看了这部电影，就会注意到见面过程中的细节。在整个对话的过程当中，尼克的妈妈自始至终没有太多地看瑞秋，面部表情一直比较严肃，并且在和她说话的过程中还跑到厨房去，

感知力决定沟通成败
Perception Determines
Communication Success or failure

用粤语跟在厨房忙碌的厨师交代了几句话，回来之后背对着瑞秋完成了上述对话。

瑞秋非常敏锐地感受到了这些，所以得出了"她讨厌我"这个结论。

这个故事告诉我们的是，沟通中的文字部分似乎没有那么重要。因为从刚才这段对话来看，文字部分没有显示出任何一点对瑞秋的不尊重。瑞秋从文字以外的部分，也就是尼克妈妈的面部表情、语音语调以及展现出来的肢体语言，推断出"她讨厌我。"

这就是沟通当中的 55387 原则所起的作用。在沟通的整个过程中，会有三部分内容来帮助我们达到沟通的效果，分别是文字部分、语音语调以及肢体语言。

大家认为哪个更重要呢？如果做一个连线题你会怎么连？大部分人会把文字部分选择 55% 或 38%。

实际的情况是这样的：文字只占 7%，语音语调占 38%，而肢体语言要占 55%。

大家也许会感到奇怪和困惑，难道文字只占这么小的比例吗？

请大家设想这样一个场景，如果去听歌剧，歌唱家的精彩表演可以把你感动到流泪，但是你不一定能完全听懂具体的内容。这些演员是如何做到的呢？他就是通过语音语调以及丰富的肢体语言来达到感动你的目的。

由此可以看到，要想达到倾听的最高层次，我们就要捕捉到沟通对象的这三部分信息。

为什么语音语调和肢体语言占比会那么高呢？我再从意识和潜意识对我们形成感受的影响给大家介绍一下。

我们每一位正常人在认知和感受世界的时候会通过两种方式，一个是意识，另一个是潜意识。通常，我们会认为意识对于认知世界来讲更加重要，但事实跟我们想象的截然相反，潜意识会在我们认知世界的过程中发挥更大的作用。

举个例子，当你在认真地阅读这本书的时候，你的意识就在吸收和判断这本书带给你的信息以及接下来的思考，然而周边环境的温度、噪声等，都无时无刻地被你的潜意识捕捉。这些信息也都被大脑储存了起来。

大家也许会问，这和我们的沟通有什么联系呢？我要告诉大家的是：沟通中文字语言部分往往决定着我们在意识层面会如何判断对方所呈现的信息，而沟通对象的肢体语言以及语音语调是我们在潜意识层面捕捉到的信息。我们会将这部分信息与语言部分一起进行判断和感知，通过综合的感知来确定对方的真实意思，也就是倾听的最高层次"我在听你想说的事"。

如果沟通对象表达出来的文字语言与肢体语言或者语音语调存在矛盾的时候，我们应当相信哪一个呢？

由"55387"原则可以得出结论，我们应该相信的是肢体语言以及语音语调表达的意思，而不是文字语言。这个原则告诉我们，要想更好地感知对方，就要在沟通的过程中不断从对方所表达的文字语言、肢体语言以及语音语调方面收集所有的信息。尤其重要的是，要收集对方的肢体语言以及语音语调包含的信息，因为这两部分占到93%，这些信息会帮助我们更好地达到沟通目的。

我们都经历过一些这样的场景：当送给身边的某个人一件礼物时，对方嘴上都说着"不要了吧""这不合适""你带回去自己用吧"等，我们会相信这是他们真实的意思吗？我们会结合对方的肢体语言以及语音语调来综合感知判断，也就是倾听的最高层次"我在听你想说的事"。具体是真不需要还是假装客气，相信你一定会有正确的判断。

"55387"原则在我们让对方更好地感知我们自己的过程中也会起到非常重要的作用。我们在沟通过程中让对方准确地感知到我们的真实意思，和我们的肢体语言以及语音语调的运用相关。这一部分会在后面给大家作详细介绍。

（三）沟通中充分运用同理心

在了解了倾听的四个层次以及"55387"原则之后，接下来要给大家介绍的是在沟通过程中如何更好地感知对方的另外一个重要的方法——同理心的运用。

感知力决定沟通成败
Perception Determines
Communication Success or failure

同理心的英文是"empathy",直译过来的意思是"感同身受、同感、共鸣",因此同理心就是围绕着"感受"出发,我给它的定义是:理解对方的感受,而不一定同意对方的观点。

同理心为什么那么重要呢?因为我们是和人打交道,而人一定是感性的、有情感的,所以我们在与别人沟通的时候一定要注意感受问题。运用好同理心,在沟通过程中不断地体会对方的感受,不断地去感知对方,对于我们实现沟通目的非常重要。

1. 同理心的几个要点

(1)同理不等于同意

同理一定是围绕着对方的感受出发,它代表的是感性,而同意往往是从理性出发,代表同不同意这样理性的观点。

(2)同理不等于迎合

我们经常在销售的过程中把迎合认为是同理。

比如客户说的任何一点,我们都会说"你说得对",其实有时内心认为客户的表述是不正确的,但不敢反驳客户,所以只好说"你说得对"。这也不是同理心,只是迎合。

(3)同理不等于同情

有时候,我们会疑问我们给对方的一些同情心,是不是就是有同理心了呢?其实不是的。同情带有一些怜悯的成分,而不是理解对方的感受。

2. 如何运用同理心

同理对方有两个步骤:第一是辨识出对方的内心感受,第二是把你的感受反馈给对方。

说到感受,我们通常会简单地认为感受是喜怒哀乐。其实,感受是复杂的。比如说"喜",可以分为"开心""激动""兴奋"等。而"怒"呢,可能会有不同的级别,如特别生气的勃然大怒、心里面有一点小小的生气等,都是不同的"怒"。"哀"呢,可能会有"郁闷""悲伤""失望""沮丧"等。还有一些其他的感受,如"尴尬""紧张""无奈""困惑"等。

因此,感受是复杂的,还有的时候是有多种感受掺杂在一起的。

在运用同理心的时候,你首先要辨别出对方的内心感受,然后把你的感受反馈给对方,这才构成同理心的有效运用。同理心是有效沟通的前提。

电影《杜拉拉升职记》里面有一段经典的片段,就是由于没有运用好同理心而导致沟通失败的场景。

在这个片段里,女主人公 Rose 在公司工作了很长时间,但得不到升职的机会。他的前男友叫 David,作为同事关系还不错。

有一天下班,David 送 Rose 回家,而 Rose 刚从她的领导办公室出来,她又一次提到了要求升职,但又被搪塞地离开了领导的办公室,大家可以想象 Rose 当时的感受是怎么样的。

在 Rose 上车之后,就和 David 发生了下面一段对话。

Rose:我就是要看他能敷衍我到什么时候,我应该升职啊!

David:你还是不要那么着急,升职是早晚的事。

Rose:我不要再听"早晚"这个愚蠢的借口,我已经听了好多年了,烦死了。

David:可是你从另一个角度想想,有哪里可以做得更好吗?比如说……

Rose:喂喂喂,所以我是有哪里做得不够好吗?

David:我不是那个意思。

Rose:你就是那个意思啊!我是有哪里做得不够好?我在这个岗位上做了那么多年,我的能力谁都看得见,这是我应得的!算了,你不懂的,我没办法和你沟通,反正我们也分手了。

David:这和我们分手有什么关系啊?

Rose:还好没有结婚,否则不是你疯就是我疯。

对话到这里已经无法再开展下去了,两个人就陷入了沉默。

这个案例告诉我们,同理心对于有效沟通是多么重要。对话进行不下去的最主要原因是 David 没有意识到在这个时候要先用同理心去感受 Rose 的内心。如果让Rose感觉到是懂她，了解她的感受，这样才有机会继续将对话进行下去。因为同理心的欠缺，即使David有再好的建议想给Rose也没有机会提出来，因此沟通很失败。

该如何运用同理心？下面我们就用这个例子来做练习，一起分析一下Rose此时的内心感受。

Rose的内心感受可能是有点委屈，还有一点生气。这时候她最需要的是沟通对象可以理解她，可是David根本没有辨别出她内心的这些感受，而是直接让她思考有哪些方面可以做得更好，所以Rose一下子陷入了很暴躁的状态，导致沟通失败。

如果你是David，该如何让Rose感受到你是懂她的，从而愿意听你继续说下去呢？

David或许可以这样说：

"你的能力谁都看得见，你工作也非常努力和认真，又很负责任，所以公司这么多年不给你升职，我认为真的对你不公平！"

如果你是Rose，在刚说出公司敷衍我、不给我升职的时候，David说出这样一句话，是什么感受呢？"哦，看来他是懂我的。"接下来他再提任何建议，她才有可能会听进去。

因此，通过同理心的运用，可以构建一个很好的沟通平台。如果这个平台没有搭建好，沟通肯定是无效的。

为了让大家进一步了解同理心在日常工作和生活中的作用，再给大家举一个例子：

设想你是一位父亲，有一个上小学五六年级的儿子。儿子最近入选了校足球队，他自我感觉相当不错，而且对足球充满了兴趣。你当然很开心看到儿子很享受这项运动。

结果有一天他放学回来后，气急败坏地说："我再也不去踢足球了！"

你一定会跟他说："什么情况，跟爸爸讲一下吧。"

他说："我们球队的那些队员都是些笨蛋！我的位置很好，他们就是不给我传球，我都没有机会拿球射门！我以后再也不踢足球了！"

作为父亲，你该怎样与孩子展开交流呢？

可能有一些父亲会想着引导孩子在自己身上先找问题，说："你要想想为什么他们不给你传球呢？"你的儿子听后很有可能不看你一眼，转身就走，根本不愿再和你继续交流。

为什么会这样呢？因为你没有识别出孩子当时的感受和情绪是什么。

同理心的应用要先感受和了解对方的情绪，首先要让他从情绪中走出来，并且立刻能感觉你是非常理解他的。只有做到第一步，才有可能进一步引导沟通对象和你交流。所以，你可以这么讲："是啊，我绝对理解这种感觉，踢球的时候跑到好位置得不到传球的感觉太差了！"

这个时候，他一定感觉到你是懂他的、了解他的，是和他站在一条战线上的，所以愿意和你做进一步的沟通，你才有机会引导队友不给他传球的原因，如可能是停球不太好，或者射门技术还要提高等，所以要通过刻苦训练提升能力来让队友相信自己。我们从内心当然希望孩子能够多参与足球这类体育活动，不仅对身体有好处，又能培养团队意识。千万不要因为我们一个不太注意的同理心运用，挫伤了孩子对这项运动的兴趣和积极性，就得不偿失了。

关于同理心的运用，还有一点要提醒大家，关联词很重要。我们往往会喜欢用一个词叫"但是"，这个词在同理心沟通过程中会起到一种不太好的效果，会让对方觉得你前面说那么多，原来都只是对他的一种敷衍。

比如刚才那位父亲如果这么说："是啊，我儿子球踢得相当不错，踢球的时候跑到好位置得不到传球的感觉太差了！但是，你自己想想有什么问题吗？"

孩子刚刚觉得你懂他，想和你再沟通的欲望一定被这个"但是"给打回去了。因为他会感觉你刚才是在敷衍他，内心还是想教育他。

用哪个关联词更合适呢？我建议大家把这个关联词改为"同时"。因为"同时"代表着接下来要说的话和刚才的话是并列关系，而不是转折关系。

这样，对方的感受是你刚才说的话是发自内心的，接下来要说的建议也好，其他的想法也好，也是发自内心的，就是并列的关系。

还是举刚才那个例子。如果父亲说："是啊，我儿子球踢得相当不错，踢球的时候跑到好位置得不到传球的感觉太差了！同时我们来想一想，我们要怎么做才能让他们多给你传球呢？"

这样沟通的话，孩子会感觉你确实是懂他的，理解他的感受，在这个基础上，他会愿意接受你的引导。

这一点在日常交流中也同样重要。大家在日常工作中都经历过一些这样的场景：跨部门一起开会，其他同事刚做了一个介绍，领导会让我们发表评价。

我们往往会这么说："这位同事做得挺不错的，但是我有一些建议。"

这会给对方什么感受呢？他的感受一定是前面几句都是在敷衍，后面才是真正的重点！

如果改成"同时"，比如这么说："这位同事有哪几点做得挺不错，同时我有一些自己的观点，我来谈一下。"

这样的话，对方的感受是截然不同的，因为他觉得你对他的赞扬和认可是真诚的、发自内心的，所以他也会更加认真地听接下来的建议和想法。"同时"这个用词也同样适用于领导与下属的沟通。

为了进一步加强大家对于同理心的了解，再举个实际生活中的例子。

比如说你要和一个跨部门同事沟通，刚进他办公室的时候，你看到他可能在电话里和另外一个人说得不太愉快，有点无奈地挂了电话，紧接着问你："找我有什么事？"

这个时候，你是直接说你的事呢，还是说一句同理心的语言表达效果会更好？

如果你是一个同理心运用的高手，就可以通过刚才的观察敏锐地觉察他此时的心情，如果你先加一句：

"唉，有些事情有的时候是让人挺无奈的。"

如果你是这位跨部门同事，你会对这位同事产生什么感受？是不是会感觉这个人好像还挺懂我的感受，如果他懂我，又了解我的感受，我一定愿意跟他交流。这样就会帮助我们建立一个很好的沟通氛围。

再举一个例子。如果你是一个快速消费品的销售人员，日常拜访的对象会有一些超市的店主或者店员。在拜访现场，你看到这个店主或店员与一些不太讲道理的顾客有些争执刚刚结束，那么你的开场要先辨识对方内心的感受，对方此时有些生气，所以你开场时第一句话这样说：

"有一些不讲道理的人，是挺不可理喻的。"

他一定会感觉：这个人会和我站在一个角度来考虑问题。同样的，他就愿意跟你进行沟通和交流。

这就是我们在日常工作和生活中经常遇到的一些场景。只要大家留心，就会发现在很多沟通场合中，同理心运用的缺失而导致不好的沟通结果经常出现。因此，让自己增加这方面的意识，学会感知对方的感受，这非常重要。

运用好同理心是有效沟通的前提。运用好同理心，就可以增加主动感知力，能够时刻提醒自己主动去感知别人，让沟通对象更加愿意和你展开沟通，能够为达到沟通目的打下一个很好的基础。

请大家思考一下，结合前面学习的"55387"原则，同理心的表达是否有可能不用文字语言部分，只是用肢体语言也能表达？

结果一定是可以的。我们也有过这样的体会，前面提到感知力超强的人，能很敏锐地感受到对方的感受，他给你一个表情、一个拥抱或者拍拍肩膀等动作时，是不是立刻感觉"他懂我"，并且愿意和他继续沟通下去呢？

同理心练习：请大家按照以下三种场景构思如何运用同理心进行沟通（注意用"同时"而不是"但是"，结合"55387"原则多进行几次练习，尤其注意肢体语言和语音语调）。

场景 1

市场部经理：销售部王经理在管理会议上抱怨我们市场部配合新产品推

广活动的计划有许多不足，使得新品销售的目标达成存在风险。

市场专员：他们怎么能这样说！所有的销售数据、客户情况，我反复向他们要，他们迟迟不给，直到召开管理会议的前一天晚上才给我。我也反复约他们讨论活动计划，他们一再推脱没有时间。在数据给我的当天，我加班加点到凌晨3点把推广活动计划做出来，请销售部经理复查。他们当时也没有意见，所以我们就执行了。现在怎么说这种话！

市场部经理：_____

场景 2

同事A：我已经跟他们说过好多次，申报资料一定要按照公告的标准来准备，一项也不能少。大家怎么就是听不懂，从来没有一次按照标准准备好，每次不是少这个，就是少那个，就不能一次准备好吗？有点效率好不好！

我：_____

场景 3

同事B：公司这个新的报表系统太差了，生成的数据从来没有准过，我们现在是用系统做一次，再人工做一次，现在看来这个系统完全没用！我们还是用原来的系统算了！

我：_____

二、考虑对方的感知

前面给大家介绍了如何通过增强感知力来提升沟通能力，接下来要给大家介绍同样重要的另一部分内容就是在沟通的过程中如何依据对方的感知来调整我们在沟通过程中的行为，以达到更好的沟通效果。

(一)感知比知识更重要

关于感知比知识更重要,这部分内容在前面已经做了一些介绍,这里不再赘述。再次强调的是:在工作与生活中,我们带给别人的感知如何,一定会影响你在别人内心中的印象,这个印象有很大一部分来自于你与他人的沟通方式。这些印象会影响我们在各个方面的发展。

沟通习惯的形成来自于日常中一些细小的行为,所以从关注细节行为开始,养成良好的沟通习惯,这对于我们来说非常重要。

接下来介绍的内容都是围绕着这些行为,通过这些行为的改变来改善我们在沟通对象心中的印象。

(二)独一无二的"个人感知滤网"

首先给大家介绍一个非常有意思的概念——个人感知滤网。什么是个人感知滤网呢?请大家先看下面这张图片(图2-2)。

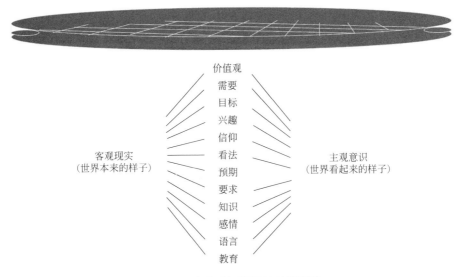

图2-2 个人感知滤网的关键要素

在这张图中,我们看到了一些关于个人感知滤网的关键词,如价值观、需要、目标、兴趣、信仰等，这些构成了个人感知滤网的关键要素。

我想问大家，世界上有没有两个人的这些关键要素是一模一样呢？我想你的答案一定是"没有"。是的，世界上没有两个一模一样的人，每个人的个人感知滤网也是不同的。这也解释了为什么对于同一件事情，不同的人有不同的看法。

莎士比亚曾经说过一句话："世事本无两样，皆因思想使然。"

个人感知滤网告诉我们人和人都是不一样的。我们在沟通过程中，为了让别人更好地感知我们，就要根据不同的沟通对象来调整自己的言行，包括语言表达、沟通方式等。

关于个人感知滤网，还有另外一点要和大家分享。每个人的个人感知滤网是不一样的，则每个人看到的世界也不一样，这意味着每个人对于事物的理解会从自己的角度出发。这给我们带来的启发是：最好不要用自己的个人感知滤网去"过滤"别人。

孩子为什么总是不按照家长的想法来，因为孩子也有自己的个人感知滤网，会看到他们眼中的世界。我们可以通过引导的方法帮助孩子培养正确的三观，同时为他们创造良好的生活和成长环境，如宽松的氛围、和谐的家庭关系以及正向积极的心态等。

孩子的成长环境已经和我们不一样了，所以我们看到的世界或想法未必适用于孩子，因为我们和孩子的个人感知滤网是不一样的。

工作中也是一样的，你认为其他人应该按照这个想法来开展工作，但是为什么很多人想的不一样呢？有时候我们可能还会想不通。结合个人感知滤网的概念可以明白，别人看到的事物不一样，和你想的不一样，是再正常不过的事情。

当我们能够更多地理解别人、接纳别人以及可以更多地从别人的角度去思考的时候，我们的思维层次就有了很大的提升。当我们养成这样的思考习惯之后，内心也会变得更加平和，看事物的层次也会越来越高。

结合前面的感知印象理论，如果可以坚持这样思考问题，并且用这样的思考方式来指导自己的行为，身边的人对我们形成的印象是这样：你是一个思维水平很高的人，和你沟通会带来很好的启发和收获。这样的印象应该是我们大多数人希望给别人留下的吧。注意，我没有说所有人，因为说所有人的话，意味着没有考虑一些人的个人感知滤网。

越是思维水平高的人，就越会避免使用绝对性的语言，因为他会考虑一件事情有很多影响因素。大家可以留心一下身边的人，是这样吗？

（三）"声音"与"声波"的区别——有效信息的发出与接收

在了解了个人感知滤网的概念之后，给大家介绍沟通过程中另外要注意的一点，就是"声音"与"声波"的区别。在沟通过程中，如果想让沟通对象更好地感知你，了解"声音"与"声波"的区别非常重要。

我们每天都客观地发出了很多声波，因为只要说话肯定就发出了声波，但这些声波是不是声音呢？不一定。也就是说，如果我们每天发出的声波不能够被对方感知到，也就意味着它仅仅是声波，而不是声音。

在沟通过程中，如果没有考虑到对方能否理解你要表达的内容，也就是对方的个人感知滤网，而你的语言组织又不能够让对方清晰理解的时候，那么你发出的信息是无效的"声音"。

当我们在组织语言的时候，尽管文字语言部分只占7%，但是关于语言组织的通俗性以及是否被对方理解，关系着我们发出的声音是否被有效接收，也就是要考虑对方是否听得懂，是否能感知我们要表达的意思。

我们日常中经常看到一些广告，无论是电视广告还是在电梯中、大街上、手机上看到的各种各样的广告，同样存在着信息的有效发出与接收问题。有一些广告站在消费者的角度，我们作为消费者可以明确地体会到这个广告要传递的信息，发出的是有效的"声音"，所以这些广告可以起到相应的作用，给消费者留下印象。

而有一些广告，不知道它要表达什么，我们甚至完全无法理解广告的意思。我记得有一次在电梯里，看到一幅广告是一张"莫名其妙"的图片，左看右看也不知道要表达什么。现代社会，大家每天接触到海量的信息，如果没有办法让消费者立刻产生兴趣并且找到相应渠道，消费者看完之后很快就忘记了。

三、影响真正的"声音"的要素

我们在沟通过程中，要想让对方更有效地感知，以下几点需要注意，它们会影响我们是否发出了真正的"声音"：①专业用语的使用；②外来的干扰；③沟通对象的生理状况；④沟通对象的心理状况。

首先，我们要谈到的是专业术语。

有时候，我们可能会有这种感觉，说专业术语好像会显得自己特别酷、特别专业，我观察过大量的现象就是在不合适的场景下使用专业术语。

我在给医生做沟通技巧培训的时候会问这样一个问题："如果一位病人是从农村来的，你在给他讲解病情和治疗方案的时候会用专业术语吗？"

有医生说"我不会，因为病人听不懂"。也有些医生说"我会的"。

在实际工作中，医生给病人使用专业术语的现象不罕见。

如果病人不具备任何专业知识，医生给这样的病人用专业术语讲解，病人根本理解不了。有经验的医生则会根据病人的理解程度，举通俗易懂的例子，让病人能够充分地理解。

如眼科的医生为了能够让病人听懂眼球的结构，会把眼球比喻成一架照相机，角膜相当于镜头，眼底相当于底片，也就是成像的地方。这样举例的话，病人基本上可以理解眼球的结构。

还有一些病人来看病之前，已经在互联网上把这个疾病的相关信息查询清楚了。针对这样的病人，医生可以使用专业术语来介绍病情和治疗方案，因为他们能听得懂。

由此可见，对于从事任何行业的人员，无论是工作场景还是生活场景，我们在沟通的时候都要根据对象和个人感知滤网的不同，来组织不同的语言。

再如，一些销售人员在给客户介绍产品的时候使用专业术语，以及前面列举的广告例子。

专业术语的应用其实非常简单。我们要做的就是在沟通的时候，充分考虑到沟通对象的个人感知滤网：他能听懂我说的话吗？如果判断他能够理解专业术语，就正常使用，没有问题。如果我们的沟通对象无法清晰地理解专业术语，我们就要在沟通之前做一些功课，将这些专业术语转化为通俗易懂的语言，保证发出的"声音"可以被充分理解，达成沟通的目的。

考虑个人感知滤网而进行语言的组织是发出声音的第一步，还有一些外来的干扰因素会影响我们发出的是不是真正的"声音"。

沟通地点的选择是一个重要的干扰因素。适宜场合的条件应该包括是不是环境相对比较安静，没有很多外来的噪声。使用相同的语言，在安静的环境和嘈杂的大街，接收的有效信息肯定是不一样的。环境中的温度是不是合适、坐的是否舒适等，这些客观条件同样会影响我们发出的声音能否被对方接收到。

沟通对象的心理状态同样会影响我们发出或接收的"声音"。我们都有这样的体会，当刚刚经历了一件特别震惊、愤怒或惊吓的事情之后，此时整个人的生理状态还处于一种应激状态，这个时候有人来和你沟通，你没有办法平复心情，内心还翻腾着各种声音。这种心理状态一定会影响你们之间的沟通效果。

沟通者的生理状态也会影响是不是真正的"声音"。俗话说"人有三急"。当沟通对象处在三急状态的时候，他急于想去洗手间，如果偏偏在这个时候要跟他沟通一件事情，换作是你，你能听进去吗？当沟通对象的身体状态不舒服的时候，也会对沟通产生一定的影响，他无法有效地感知你，必然会影响你们之间的沟通效果。

以上这些告诉我们，要想让沟通对象更好地感知我们，就要充分考虑这些影响真正"声音"的要素。

（一）肢体语言与语音语调

关于肢体语言以及语音语调，在前面关于我们如何增强自己的感知力的那部分内容当中，给大家介绍过"55387"原则，就是沟通过程当中文字语言占7%，语音语调占38%，肢体语言占55%。也给大家介绍了要通过感知沟通对象的肢体语言以及语音语调，准确判断和感知对方真正的意思。同样重要的是，我们如何能够让沟通对象更好地感知我们，肢体语言以及语音语调也扮演着重要的角色。

"55387"原则中7%的文字语言部分，可以通过个人感知滤网让我们在文字语言部分做到让沟通对象更好地感知我们。而另外93%的部分中，占55%的肢体语言和占38%的语音语调，如何帮助我们更好地发出真正的"声音"，接下来给大家详细介绍。

1.肢体语言

肢体语言在沟通中占到了55%的比重，由此可见良好的肢体语言一定会让沟通对象更好地感知我们，在沟通时要注意肢体语言的运用。下面从多个方面介绍肢体语言。

（1）着装的因地制宜法则

首先给大家介绍的肢体语言部分是着装。我们身体的大部分被服装所覆盖，而且沟通对象第一眼看到的就是你的着装。关于着装有一个非常重要的原则叫做因地制宜原则，怎么理解因地制宜呢？就是根据不同的场合以及沟通对象等诸多方面来考虑自己的着装。

试想一下家里的电视机出现了问题，当家电维修人员来上门维修。你开门看到一位穿着西装革履的人自我介绍说是某某家电公司的售后维修人员，你会是什么样的反应？对于家电维修人员来讲，穿着清爽干净的制服、带着公司的标记以及个人的姓名牌，这样才是合适的着装。

在做销售拜访的时候，如果你的客户是一般的工薪阶层，你是否可以穿着昂贵的服装去呢？他们可能会觉得你销售的产品价格非常昂贵，并且实用性比较差，所以他们可能不太愿意跟你交流。

著名的汽车销售大王乔·吉拉德曾经说过，他当时在销售雪佛兰汽车的时候，雪佛兰的品牌定位就是家庭用车，所以他非常注意自己的穿着，因为他的客户主要以工薪阶层为主，如果他的穿着非常昂贵，会给客户带来如下的两点感受：

第一点，销售员与客户的距离好远，主要指心理距离，因为客户会感觉和销售人员不属于一类人，所以他可能不太愿意和这个销售员交流；

第二点，客户可能会有这样的想法：不知道这个销售人员从我们这些人身上赚了多少钱，才能够买得起这么昂贵的衣服。他一定不会给我最优惠的价格和最好的服务，我才不要从他这里购买汽车！

这个故事告诉我们，在针对不同的产品以及客户阶层的时候，我们一定要选择跟产品和客户阶层所匹配的服装。

另外要注意的是与客户打交道的场合，因为不同的场合着装不合适的话，也会给客户带来非常不好的感觉。

比如跟同一个客户打交道，有可能在他的办公室，也有可能去一些比较休闲的场合。在客户办公室的时候，你应当穿着正式；而在休闲场合的时候，大家的着装都很休闲，比如在打高尔夫球或者郊游的时候，穿着西装革履就会给人和这个场合格格不入的感觉。

以上两点构成了着装的因地制宜法则。

另外，针对女性销售人员，我要给一些建议：在比较正式的场合可以穿着相对职业一些的套装，化一些淡妆，用少量的香水以及少量的珠宝，最好不要用奢侈品的包。

总之，同以上提到的因地制宜法则，着装要给客户整洁、舒适的感觉，销售人员一定要注意针对不同的情况而选择不同的着装。

（2）站立方式

在了解了着装的因地制宜法则之后，我们在刚开始跟沟通对象打交道的时候，如果时间很紧张而没有机会坐下、只能站着进行沟通的话，站立方式也是需要注意的，因为站立方式也会影响对方对我们的感知。

站立方式有以下几个要点：

如果是同性之间，最好不要面对面站立，因为这样会给人一种相互压迫的感觉，而应该站成微微有一些角度。异性之间可以面对面站立。

接下来是站立距离的问题，在刚开始跟客户接触的时候，我们跟客户保持的距离最好在60~90厘米之间。因为个人距离大概在45~120厘米，就像伸手碰到对方那样，虽然彼此认识，但没有特别近的关系。这是在进行非正式个人交谈时的合适距离。

谈话时，双方不可站得太近，一般保持在50厘米以外为宜。这是人际间隔上稍有分寸感的距离，较少有直接的身体接触。

个人距离的近范围为45~75厘米，正好能相互亲切握手，友好交谈。这是与熟人交往的空间。陌生人进入这个距离会构成对别人的侵犯，这就是我们在电梯里与陌生人站得很近的时候会感觉不自在的原因。个人距离的远范围是75~120厘米。任何朋友和熟人都可以自由地进入这个空间。

在通常情况下，较为融洽的熟人之间交往时保持的距离更接近远范围的近距离一端（75厘米），而陌生人之间谈话则更接近远范围的远距离端（120厘米）。我们要能够根据与沟通对象的熟悉程度来选择适当的距离，让客户感觉舒适以及被尊重。

（3）握手方式

刚开始与沟通对象打交道的时候，握手方式也会影响到对方对我们的感知。

在我从事销售工作时，曾经出现过非常尴尬的场景。有一次我带着一位新加入团队的销售人员去拜访客户，这是对这位客户的第一次拜访。那是一位女客户，我们那位销售人员为了展示自己的热情，主动伸出手想要和客户握手,结果那位女客户根本没有伸出手要和他握手的意思,我们那位销售人员的手晾在半空中,伸也不是,收回来也不是。当时的场面非常尴尬,我现在还清楚地记着当时的场景。

因此,在刚开始拜访客户的时候,握手是要讲究礼仪的,具体如下。

① 谁先伸手有讲究。握手礼仪讲究"位尊者有决定权",即由位尊者决定双方是否有握手的必要。

在不同场合,"位尊者"的含义不同。在商务场合中,"位尊者"的判断顺序为职位—主宾—年龄—性别;上下级关系中,上级应先伸手,以表示上级对下级的亲和与关怀;主宾关系中,主人宜先伸手以表示对客人的欢迎;根据年龄判断时,年长者应主动伸手以表示对后辈的欣赏和关爱;根据性别判断时,女性主动伸手后,男士才可以伸手。

在拜访客户的时候,一般是客户先伸出手,我们再去伸手。在送别客人时,应由客人先伸手告别,避免由主人先伸手而产生逐客之嫌。

② 身体姿势。无论在哪种场合,无论双方的职位或年龄相差有多大,都必须起身站直后再握手,坐着握手是不合乎礼仪的。

握手时上身应自然前倾,行 15 度欠身礼。手臂抬起的高度应适中。

③ 手势。握手时必须用右手,即便是习惯使用左手的人也必须用右手来握手,这是国际上普遍适用的原则。

握手时,伸出的手掌应垂直于地面,手心向下或向上均不合适。握手时应掌心相握,这样才符合真诚、友好的原则。

很多男士在与女士握手时只握住四指,以示尊重和矜持,但在男女平等的今天,这种握手方式已不符合礼仪规范。尤其在商务活动中,性别被放在次要的位置,女性更应主动、大方地与男士进行平等而友好的握手,以便进一步进行平等互利的商务交流。

④ 时间。握手的时间不宜过长或过短,两手交握 3～4 秒,上下晃动最多 2 次是较为合适的。接触很短时间即把手收回,有失大方;握着他人的手不放,则会引起对方的尴尬。

⑤力度。握手的力度能够反映出人的性格。力度太大，会显得人鲁莽有余、稳重不足；力度太小，又显得有气无力、缺乏生机。因此，建议握手的力度把握在使对方感觉到自己稍加用力但是又比对方的力量稍小即可。切忌没有什么力度的"死鱼式握手"。

⑥眼神。在握手的过程中，假如你的眼神游离不定，他人会对你的心理稳定性产生怀疑，甚至认为你不够尊重。

⑦微笑。微笑能够在任何场合为任何礼节增添无穷的魅力。握手的同时给对方一个真诚的微笑，会使气氛更加融洽，使握手礼更加圆满。

⑧握手的禁忌。忌交叉握手。多人同时进行握手时，应该按照顺序一一握手，如果与另一方的手呈交叉状，甚至自己伸出左手同时与他人握手，都是严重的失礼行为。

忌出手太慢。此举会让人觉得你不愿意与他人握手。

（4）同步和引导

在与沟通对象交流的时候，同步和引导是非常重要的，它会影响对方对我们的感知。我们要想让对方更好地感知我们，就要用好同步和引导的技巧。做得好的话，沟通对象会更好地感知我们的意图和想法，进而愿意和我们多沟通。

如果不了解同步和引导的技巧，在沟通过程中会影响对方对我们的感知，可能会造成一些沟通阻碍。同步和引导对营造融洽的沟通氛围有很大的帮助，而氛围是被沟通双方的相互感知所影响的。

什么是同步与引导的技巧呢？

我们有没有这样的一些感受：在我们和一些人交流的时候，若对方在几秒钟之后重复我们刚才所说的个别语言，例如一些专业名词或俗语，我们会对这个人有莫名的好感，就愿意和他交流。因此，在我们与沟通对象交流的时候，适当重复对方刚才说过的话或一些特定的语言，对方就会对我们产生好感，愿意作进一步交流。

还有一些肢体语言的同步，比如对方做出了一个转换坐姿的动作，几秒钟后，我们也可以模仿他做一个同样转换坐姿的动作，这些肢体语言都从心理上给客户非常好的暗示，表示我们非常尊重对方，这就增加了客户愿意和我们进一步交流的机会。

保持身体语言同步可以粗略地分为两种：复制，意思是和对方做相同的事情（他动左手，我们也动左手）；反射，就像面对镜中人一样模仿他的动作（他动左手，我们动右手）。

也许会想，对方会不会发现我们在学他呀？其实大部分沟通对象不会发现，除非模仿得太明显。记住，动作必须微妙而礼貌。如果别人用手指挖耳朵，我们也挖耳朵，对方也许会注意到。人在专注地谈话时，一般不会注意到微妙的同步活动。

如果肢体语言的复制需要一个过程，建议从重复对方的一些用语开始，这就是同步与引导的基本技巧。

关于同步与引导的更多技巧，在本书后面的章节"沟通过程中要注意的几件事"中还会进一步介绍。

（5）眼神交流

我们都知道在与沟通对象打交道的时候，应当注视着对方。注视多长时间和注视哪个部位会比较合适呢？我给大家推荐的时间是目光交流应当占整体交流时间的60%~70%，因为如果少于60%，沟通对象会感觉你没有在认真关注他说话，他会感觉没有被完全尊重。但如果高于70%，会给对方一种被看着时间过长而有一点不自然的感觉。这样的体会，我相信我们在日常交流过程中也能感受到。

注视哪些部位比较合适呢？眼神交流属于"社交注视"，所以建议注视的范围是以对方的两只眼睛和嘴唇之间所构成的三角区，这是比较适合的注视部位。同时，应该面带微笑、眼睛炯炯有神而柔和地看着对方的眼睛，不卑不亢，让对方感觉到自信和平和、诚实和勇气。

直觉敏锐的人初次与对方接触时，往往仅看一下对方的眼睛就能判断出此人是可信还是不可信的，有的人甚至可以通过眼神来判断一个人的工作能力。人们做决定往往是感性的过程，因此真诚、坚定的眼神能够向沟通对象展示出专业和诚信，带给对方很好的感知，可帮助对方打开心扉，愿意多交流。

在与沟通对象交流的时候还要注意一点，我专门拿出来告诉大家，就是如何表现出正确的肢体语言反应来表示你完全理解并且感知到对方，包括以下几点：

① 对方说话时，你要点头回应，表示你了解他们说的话。

② 对方说与他们非常相关的问题时，你要眯着眼睛、抿着嘴唇，同时点头。

③ 如果问题涉及对方的痛点时，你眼睛要眯得更小，嘴唇要抿得更紧，适时发出回应的声音，显示你对沟通对象的痛苦感同身受。

④ 你在问充满感情的问题时，身体要前倾，对方回答时要继续前倾。

⑤ 问以理性为基础的问题时，身体往后靠，沟通对象回答时，要继续往后靠，一面点头，一面若有所思地抓住下巴。

大家设想一下，如果你是坐在对面的沟通对象，当你看到这个人表现出他能够感受到的痛苦和欢乐，你是否会更加喜欢这个人，从而愿意更多地和他交流呢？答案是一定的。

（6）肢体语言的其他注意事项

我们在跟沟通对象打交道的时候，除了刚才谈到的肢体语言的要点，还有一些肢体语言是一定要注意的。

1）不要用封闭式的肢体语言

肢体语言有开放式的和封闭式的区分。封闭式的肢体语言，最典型的姿势就是双手环抱在胸前，而这样的肢体语言会给对方带来一种傲慢并且不愿意听的感觉。这样就会让沟通对象失去交流的兴趣。我们应该展现出的是开放式的肢体语言，也就是双手或者上肢要打开，这样给对方的感觉就是愿意接受他提供的任何信息，沟通对象也自然愿意进一步交流。

2）注意坐姿

当沟通对象让你入座的时候，要礼貌地点头表示谢意，然后平稳地坐好。

一定要注意背部挺直，不要坐得弯背塌腰，另外要注意的是千万不要跷起二郎腿，更不要出现抖腿的动作。还要注意坐的时候，无论是男士或女士，都应该尽量双腿并拢，大部分女士能注意到这个细节，但是有一些男士可能不太注意这个细节，有时候坐在那里会把双腿分得太开。因为这些动作都会让对方感觉你是一个非常随意、不注重细节的人，他自然对你不会有好的印象。

3）仪容和仪表

仪容和仪表说起来非常简单，似乎感觉是一个常识性话题，不过在实际的工作过程中，我们还是注意到有很多人在这方面都没有投入足够多的关注。

我曾经有一个同事在这方面非常不注意，他的头发总是像好几天没洗一样，看着油乎乎的；稍微碰一下头发，就会让人想起张学友那首歌《我的世界开始下雪》，因为头皮屑开始乱飞；手伸出来后，你会看见指甲缝里都是黑泥，看上去感觉特别不好。有的时候，他中午吃了一些有刺激性气味的食物，如葱或蒜等，也不注意口腔的清洁，与客户说话的时候，隔着老远都能闻到那股刺鼻的气味。还有时候，他穿的西装就像在箱底已经被压了两年一样，皱皱巴巴，打领带的时候，衬衫第一个扣子还不系上。

我们要特别注意自己的形象。一定要以干净、清爽、职业、干练的形象出现在沟通对象面前。

总之，肢体语言在整个沟通过程中要占55%的比重，它是沟通过程中起作用最大的一部分。因此，我们一定要格外注意自己的肢体语言，能够通过有效的肢体语言向对方展现专业积极的形象，从而让沟通对象对我们有更好的感知，这会给沟通带来很大的帮助。

2.语音语调

在了解了肢体语言后，我们现在要谈另外一个话题，就是语音语调的重要性。语音语调要占沟通重要性的38%，要想取得理想的沟通效果，让对方更好地感知我们，我们同样要注意语音语调的运用。

我将从两个方面给大家介绍。

感知力决定沟通成败
Perception Determines
Communication Success or failure

（1）音量/语速/停顿

首先是沟通的音量问题。我们有没有这样的体会，身边有一些人说话的音量总是掌握不好，有的时候太小，跟他交流会让你非常着急，竖起耳朵来听都听不清。要想听清楚他在说什么，只好让他大点声，这一定会影响销售人员和客户之间的交流，而且音量很小会给人一种没有自信的感觉。

我在招聘的时候遇见过一些这样的面试者，他们形象不错，谈吐也很好，综合的经历以及学术方面的知识都符合我们的要求。但在面试的过程中，他说话的音量比较小，需要费很大的力气才能听清楚他讲什么，让人对他的自信心以及是否能够同客户顺畅交流产生很大的怀疑。

所以，说话音量太小，会对我们的销售工作带来消极的影响。

也有一些销售人员，说话的声音又特别大，会让人有一些不适感，感觉跟他们交流的时候耳朵会被震得嗡嗡作响。我身边有一个朋友，说话的嗓门就特别大，但是他自己没有意识到，身边也没有人去提醒他，所以他一直保持着这种习惯。其实，我们都感觉这么大的音量对交流有不好的影响。如果他是从事销售工作的话，平时工作还是保持这么大的音量，就有可能给客户造成一种不适的感觉，也一定会影响客户是否愿意同他打交道。

因此，作为一名销售人员，说话时音量的大小是我们在沟通过程中首先要注意的细节。那么，什么样的音量会是比较合适的呢？人们室内交流的正常音量大概是 40~60 分贝，要想达到最佳音量的沟通效果，一定还要考虑所处环境的背景噪声等问题。

分贝数可能有点难以判断，简单来说，重要的原则就是能够让客户清晰地听见你的声音，同时不会有音量过大的感觉。

我建议大家可以让身边的人给你做一个反馈，看看自己平时沟通的音量究竟如何，有需要做一些改变的人就应当加强这方面的练习。

我们再来说沟通中另外一个重要的细节，就是语速。

我们是否有这样的感受：不急不缓的语速会给人带来一种亲切、自然和自信的感觉。

我们身边有一些人的语速非常快,会给你什么感觉呢?是不是会让你感觉他性格急躁、心无城府,甚至会怀疑他有一些幼稚和偏执?而语速过慢又会给人留下没有自信、优柔寡断、看待事情比较悲观、处理事情畏首畏尾的印象。

因此在与客户沟通的时候,适当的语速是非常重要的。一分钟多少字的语速会比较合适呢?我能给大家推荐的是,在与客户沟通过程中的语速最好控制在每分钟250~300字之间,这是一个普遍认为比较合适的语速。

作为参考,在20世纪八九十年代的时候,新闻联播节目主持人的语速基本上在每分钟180字左右。随着信息量的增加,现在新闻联播节目主持人的语速基本上在每分钟260~320字之间。

我建议大家可以进行一个简单的自测,就是找一段话,确定好字数,然后用平常习惯的语速进行一次朗读。朗读结束之后看一下用时,然后算出每分钟的语速。只要在每分钟250~300字之间,语速就是合适的,如果低于250字可能会稍微有点慢,但是一定不要高于320字,否则就有刚才谈到的语速过快给人不太好的那些感觉。

当然,语速不是一成不变的,合适的语速一定指的是在实际沟通的过程中,随着强调或者重点来增加一些速度及节奏的变化。

在了解了音量和语速之后,我们再来给大家介绍另外一个交流中的重要技巧:停顿。

在交流的过程中,适当的停顿会起到提醒对方注意的作用。

设想一下,如果对面的人说话没有停顿,你会是什么感觉?一定会感觉没有重点,也不知道他想让你记住什么。

我们在跟客户交流的时候要学会运用停顿的技巧,可以达到以下的目的:

① 停顿是一种故意的沉默。

② 通过给听众一点时间思考而暗示某些重要或值得听的信息就要来了。

③ 接下来再以强调的语气说出这些信息。

停顿的运用会让客户能够清楚地知道哪些是你要传递的关键信息,才有更大的可能让客户记住信息。

有一点需要提醒大家，停顿的地方一定要找准，否则会造成意思完全不同的结果。比如：

> 下雨天留客天留我不留

请大家做这个练习，看看会在不同的地方停顿而且停顿出完全不同的意思吗？

（2）影响力语调的运用

在了解了音量、语速以及停顿之后，现在介绍另一个在沟通中非常重要的部分——语调。

我们一起来回顾一下大部分人经历过的一个场景。你走在大街上，通常会遇见健身房的促销人员面无表情地跟你说"游泳健身"，你会是什么反应呢？我想95%的人都会当作没有听见或者没有看见一样走开。

为什么会这样呢？原因之一是他的语调没有任何变化和吸引力，客户的潜意识就是我不要跟他打交道，快点走开。

我们也都接过一些促销电话，对方如何开场同样对我们有重要的影响。如果你接到的电话就是听见一声没有任何感情的"需要贷款吗？"我想你第一个反应就是"讨厌死了，赶快把电话挂掉！"

不过，我们也接过这样的电话，开头的称呼很亲切，可能是叫你一声"哥"，你能感觉电话那头的他充满着热情，而且有一种关心你的感觉，那就有比较高的概率愿意和他多进行几句交流，而不像第一种那样立刻把电话挂掉。这就是不同的语调带给我们在销售的时候与客户打交道的影响。

为了让大家更快速地理解和学习，我建议大家可以根据不同的场景运用不同的语调。

大部分的培训课程都没有着重强调这部分，而这一部分对于销售人员增加沟通的影响力是至关重要的。大家通过认真的练习，语调的运用一定会对你的影响力带来很大的帮助。

我按照开场、探询需求、自己的产品利益呈现、客户提出异议、缔结五种场景分别介绍语调的运用。

① 在开场与探询过程当中应该用什么样的语调呢？我给大家推荐的语调叫作"我关心对方"的语调，要表现出你对客户发自内心的关心，在探询出客户痛苦的时候更加要表现出对客户的关心。

如刚遇见一个客户，你应该用这样的方式跟他打招呼：

"王先生，您最近都好吗？"

语调一定要展现出自己的热情和对对方的关心，以及你确实非常关注他的那种感觉。

这个语调可以与之前给大家介绍过的肢体语言结合起来使用。

② 在探询客户需求的时候，当客户谈到自己一些未被满足的需求或者痛苦的时候，应该表现出来这样的肢体语言，如皱着眉头、紧闭嘴唇、身体微微向客户的方向倾斜，能让客户感受到你也在感受他的痛苦。

③ 在介绍产品利益的时候，我给大家推荐的是"神秘而稀缺"的语调。这个语调的特点是声音会压得比较低，可能就比耳语的声音稍微高一点点，能够被对方听到就好。此时的语速也应当适当地放慢，而且面部表情配合着一丝丝神秘的神情。尤其是在介绍产品具有哪些特殊的优势，或者是对客户有特别设计的时候，可以运用这种语调。

比如可以这样说：

"王先生，我们这个产品具有特别的设计，专门用于满足您的这些需求。另外，在某些方面还可以根据您的要求做一些改变。"

你在说这些的时候要适当压低一些音量，语速适当放慢，给客户的感受是你的产品是特殊的、稀少的、专门为了满足他的需求而定制的这种感觉。

这种语调还可以运用在另一种情形，就是让客户感受到有一些稀少性的信息只有你知道，别人都不知道。

如果你是某汽车品牌的销售人员，当给客户呈现产品利益结束之后，客户对产品感觉不错但有一丝犹豫的时候，你可以用这种语调告诉客户：

感知力决定沟通成败
Perception Determines
Communication Success or failure

"王先生,我了解到现在这款车型目前只有两台现车,而下一批车要等三个月之后才能到货。"

当你压低声音用这种神秘而稀缺的语调告诉他的时候,客户就会有更大的可能性决定购买。

当然,我们使用这种方法必须要符合道德,首先陈述的必须是客观事实,绝对不可以乱讲,否则被客户了解真相之后就会彻底失去客户的信任,你的销售就绝不可能成功。

④ 在客户提出异议,或者是有一些其他不同意见的时候,应该用的语调叫作"理性的与金钱无关"的语调。这种语调可以给客户带来的感觉是你在真实地征求他的意见,而不是在逼迫客户购买。

比如可以这样来问客户:

"您说的我都听到了,抛开这个产品的价格不谈,买不买不要紧,您对我们这个产品有什么想法吗?"

这个时候,客户就会感到比较少的压力,会坦诚地说出他对这个产品的真实看法。在与客户交流的过程中,能够让客户坦白地说出自己的看法是非常重要的。只有在一轮一轮的循环中,探寻客户内心真实的看法,才可以发起下一轮的循环,再一次去呈现产品的利益。

⑤ 在与客户要结束交易缔结的时候,我给大家建议的语调叫作"诚恳而理性"的语调。

比如可以这样跟客户说:

"王先生,如果您给我机会,相信这个产品一定会非常让人动心。您觉得我这样说有道理吗?"

这样的语调给客户的感受是你客观地说出产品的好处以及对他的利益,他做出购买的决定是自己说服了自己,而不是你给他压力让他购买。

刚一开始我们就说过,任何人都不喜欢压力,尤其在销售的过程中不要让客户感受压力,否则他就会"夺门而逃"。

现在来总结一下语调的重要性。

在开场和探询需求的时候，应该用"我关心对方"的语调，要表现出对客户的关心，而且配合肢体语言表现出你能感受到对方的痛苦。

介绍产品利益的时候要用"神秘而稀缺"的语调，让客户感觉产品是专门为他定制的，并且有一些功能是为客户考虑的。

在缔结的时候应该用"诚恳而理性"的语调，让客户感觉你是一个非常诚恳的人，而且没有给他任何压力，让他自己做决定。

另外在第一次提出缔结的时候，客户大多会表现出自己的一些异议以及其他一些不同的意见，这非常正常。比如他会说："嗯，听起来不错，让我再考虑考虑吧。"这个时候你就应该用"理性的、与金钱无关"的语调，在不给客户任何压力的情况下去探询他内心对产品最真实的看法。

了解客户内心真实想法之后，再决定应该用什么样的产品利益再来一次循环。

在电影《华尔街之狼》中，男主人公第一次进入一家公司的时候，他第一个拜访的电话就取得了有效的订单。那个公司当时的业绩不是很好，所以他们在愁眉不展的时候亲眼目睹了这位主人公是如何通过很好的语调变化来取得这个订单的，我们在这里可以给大家展示一下。

"你好，约翰，你今天过得好吗？"（"我关心对方"的语调）

"你几周前给我的公司寄过一张明信片，说是要打听一下前景极广的股票，想起来了吗？我刚才看到一只股票，这是我半年来看到最好的一只，如果你有1分钟的空闲，我想跟你聊聊，你有空吗？"（"神秘而稀缺"的语调使客户产生兴趣，立刻同意可以继续下去）

"鸿泰国际，这是一家高端科技公司，就在中西部审批，马上就要通过新一代的雷达探测，军用和民用领域都将被广泛使用。这只股票现在的价格是10美分一股，而且我们的分析师指出，它可以涨得远远超出这个价格，你只花费6000美元的投资就可以收获60000美元。"（"神秘而稀缺"的语调，让客户认为非常稀少，从而产生购买的愿望）

对面的客户问："股票很安全吧，我可以用它偿还贷款了。"

感知力决定沟通成败
Perception Determines
Communication Success or failure

"约翰，即使现在这样的市场价，我给你保证一件事，我从不要求我的客户用胜率来衡量我，我让他们用我的失败率来衡量，因为我很少失败，这绝对是一笔非常划算的生意。"（"诚恳而理性"的语调，让客户认为他是一个诚恳、讲道理、值得信赖的人）

客户："好吧，我买4000美元。"

"那就是40000股，我现在就把这笔交易定下来，告诉我的秘书。谢谢你给我的信任"。

交易就这样在电话中完成了，办公室里所有人都目瞪口呆。因为他们在以往的销售过程中不了解强影响力语调的作用，因此失败率非常高，而这次的表演让他们大开眼界，男主人公一下就成为公司的明星，所有人都开始向他学习如何运用强影响力的语调来进行销售。

大家可以看到，语调在销售交流过程中会起到多么重要的作用。

大家有兴趣的话可以去看一看这部电影，尤其是这段打电话的环节，真是强影响力的语调在影响销售过程中所起作用的完美呈现。

以上就是语音语调在沟通过程中的作用，尽管只是一个销售场景，但有着非常强的代表性，语音语调在沟通过程中有重要的影响。

影响力语调练习：请大家按照刚才学到的不同语调方式，按照例句进行演练。

"我关心对方"的语调：

您好，Jack，我是David，您今天过得开心吗？

"神秘而稀缺"的语调：

Jack，关于这个产品，我们专门为您的需求做了一些特殊的设计。

"理性的、与金钱无关"的语调：

Jack，抛开所有其他因素不谈，就我刚才给您介绍的这个方案，您怎么看？

"诚恳而理性"的语调：

如果您给我机会，Jack，相信我，我坚信我们两个部门的合作一定会是双赢的。

(二）感知力沟通的白金法则

当我们了解了个人感知滤网、"55387"原则这些内容后，还有一个重要的因素影响沟通时对方对我们的感知，我称之为感知力沟通的白金法则。与白金法则对应是黄金法则。首先介绍一下两种法则的区别。

黄金法则：待人如待己。

白金法则：待人如所欲。

待人如待己，就是我们都听过的一句话，叫作"你要想别人怎么对待你，那么你要先怎样对待别人。"这句话是没有错的，比如诚信、尊重、宽容等。如果你不尊重别人，你还总是想别人为什么不尊重你？如果你是小肚鸡肠、睚眦必报，你还想为什么有人对我那么苛刻？如果你在诚信方面做得不好，有时候会没有原则，没有担当责任的勇气，遇见事情先想把责任推出去，你身边的人有时候就会用同样的方法对待你。因此，我们一定要求我们自己先做好，身边的人才会同样对待你。

这就是与人打交道的黄金法则"待人如待己"。

随着社会的进步与发展，黄金法则在有些方面不够全面了，所以就有了白金法则的出现，叫做"待人如所欲"，也就是别人希望你怎么对待他，你就用对方希望的方法对待他。

前面介绍过，现在大家的自我意识都在提升，每个人都希望沟通对象能够更加照顾到自己的感受，更加被对方所尊重。因此白金法则成为与人打交道的重要法则。白金法则最核心的一点，就是我们在和沟通对象打交道的时候，能够做到按照对方的性格特点和他沟通，从而让对方愿意交流和交往，同时让沟通对象更好地感知你，便于达成沟通目的。

白金法则对我们有什么帮助呢？我在实际工作中经历过一次印象非常深刻的事情。

我的团队里有一位同事，她是一个很关注自我以及他人感受的人，平常非常注重与人的沟通和交流。与相同类型的客户打交道，也就是同样很关注他人感受的客户，她的工作得心应手。她的运气也不错，重要客户基本上是这种类型，所以与这些客户沟通合作得都挺好。

有一次，她新接手了一个市场，而其中一位很重要的客户风格和她以前打交道的客户不太一样，他好像不太关注别人的感受，做事雷厉风行，对待下属和供应商都比较严厉，并且不苟言笑。我们这位销售人员还在用以往的方式和这位客户建立关系，增进感情，结果发现好像不太有效。

她当时做了这样一件事情，让我记忆深刻。因为她以前会用给客户送早餐的方式去感动客户，并且在一些客户身上取得了一些效果，所以她还想用同样的方式来打动这个客户，让客户接受她。

在初期的时候，她连续两天早上拿着早餐在客户办公室楼下等他，客户刚开始还说"不用了，谢谢"，就不理会她直接进了自己的办公室。这位销售人员当时觉得有些失望，怎么和以前的客户反应不一样呢？所以她没放弃，还想用这样的方法来感动客户。她决定继续送早餐，我用时间打动你！

但她没有想到的是，当她第三天、第四天再带着早餐出现的时候，这个客户表现出了强烈的反感，根本不再理会她，连看都不看她一眼。直到有一次这位客户直接说："你再这样的话，我就把你赶出去，没事情的话不要来影响我们的正常工作！"我们这位销售人员也很受打击。

看到这里的时候，你是否也想起了身边的某些人和这位客户很相似呢？通过送早餐这类试图在感情上打动客户的方法，不仅在这个客户身上没有起到任何作用，甚至还有相反的效果出现。

为什么会这样？这就是下面要给大家介绍的性格分型理论。

我们在和沟通对象打交道的时候，要学会一种重要技能，就是能够根据对方不同的性格来调整自己的沟通方式，从而让对方愿意与你交流。

我们在实际销售工作中可能有过这样的感受：同样的沟通方式，有些客户感觉挺好的，但是对另外一些客户呢，好像没那么有效果。

有一些客户，大家可以一起出去吃饭喝酒唱歌，都很开心，可是有一些客户不会答应这样的邀约。

有一些客户平易近人，跟他打交道觉得特别舒服，他也很照顾你的感受，对你很客气，非常容易和他进行交流，每次都可以聊很久。但有一些客户就没有那么好打交道，态度也不热情，恨不得不给你说话的机会，你稍微多说几句他就会打断你，表现得很不耐烦，让你快点说重点。

原因是什么呢？这就是我要给大家介绍的内容：性格分型。

关于性格分型，大家一定听说过，而且有各种不同的性格分型方式，比如 PDP、DISC、全脑分型的 HBDI，还有九型人格、MBTI 等。大家也许注意到了，前几个（PDP、DISC、HBDI）都是分了四类，而九型人格分了九类，MBTI 分了十六类，这是因为有不同的几个因素，而这些因素决定了有几类分型。两个因素是二的平方，分四类；九型人格是三个因素，因此分九类；同理，MBTI 是四个因素，所以分十六类。

我们在日常沟通过程中，能够用相对简单的方法来快速判断对方是最有效的，因为简单的方式容易被掌握，可以让沟通对象更好地感知到我们就好。因此，我给大家推荐的是相对比较简单的方式，就按照对方是相对热情还是相对冷漠、相对直接还是相对间接，把人分成四种性格类型（主要来源于 DISC 和 PDP），如图 2-3 所示。

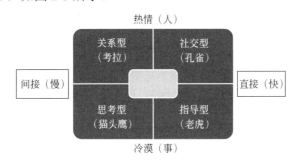

图 2-3　四种性格类型

为什么要用尽量简单的方式呢？大家如果做过性格分型测试，就知道简单版也要有三四十道题，复杂的可能有上百道题。

我们在和客户打交道的时候，你不可能先给对方一套题，说您先测试一下吧，让我了解一下您的性格分型，然后再开始和您沟通。这显然是不可能的。

基于这些原因，我给大家介绍这种相对简单的方式，非常易于掌握。更重要的是，我要教会大家在与客户打交道的前几秒，通过观察一些细节，比如穿着、办公室环境、体态语言、面部表情等，就可以判断出他的性格分型，从而用"待人如所欲"的方式和他沟通，创造更有利的沟通氛围。

以下就是这几种性格分型的介绍。

第一种是相对热情又比较直接。这样的客户，我们称之为社交型。在其他一些性格分型里面把这种客户比喻成"孔雀"。这种类型的客户有什么特点呢？他一般比较好交流和沟通，相对也比较豪爽，快人快语。有什么想法，他愿意直接告诉你，不用让你很费劲地去想。

如何判断这种客户呢？第一，这种客户面部表情很丰富，说话的时候会看着你的眼睛，肢体语言大部分是开放式的，语速相对偏快。第二，着装相对比较时尚，如果是女客户的话，她们的发型可能会染一些颜色，会是比较时髦的流行发型。第三，他的办公桌以及他的办公室基本上是以温暖的风格为主，但是不一定很整洁，会摆出一些家人或者团队的照片等。

对于这种客户，我们在跟他打交道的时候，也要特别展现出你的热情以及对感受的关注。比如刚开始寒暄的时候，可以聊一些他的兴趣、家人的情况等比较容易接近和打开的话题，他们就愿意和你多说。另外，这一类客户往往会对一些新奇以及有新鲜感的事物比较感兴趣。他们不喜欢太过细节的东西。因为他们对新事物和新鲜感非常感兴趣，而且关注自己的感受，所以在给他们介绍产品的时候，一定要能够从这个产品的新奇性和独特性方面出发，让他们感觉使用这个产品会给他们带来不一样的感受和一些独特的体验。这样，他们就会喜欢你的产品。

这类客户相对比较容易接受邀约，如出去吃吃饭、喝喝酒，可以充分地开心交流。因此，这种客户相对来讲是比较好打交道的一类客户。

第二种，按照性格分型的矩阵来讲，社交型客户对角线的客户往往表现出来相对比较冷漠，面部表情也不丰富，肢体语言也很保守，而且总是一副很严肃的表情。我把这类客户叫作思考型客户，用动物来形容就是猫头鹰。

大家可以想象猫头鹰的样子，就是蹲在树上，一言不发，两只眼睛瞪得很大看着你。给你的感觉就是：我就看你在这里表演，看你能表演成什么样子。

与这类客户刚开始打交道的时候，我们可能会有一点紧张，因为他不像社交型客户那么热情。

如何判断出这类客户呢？第一，面部表情是严肃的，并且变化不太多，让你感觉他在用挑剔的目光看着你。肢体语言往往是封闭式的。第二，服装相对保守或中规中矩，也不会有太夸张的发型以及饰品等。第三，他的办公桌一定是比较整齐有序，一切都显得非常有条理。

这类客户的特点是做事情非常注重数据和流程，所以在跟他们打交道的时候，比如在进行沟通或者描述产品时，一定要表现出非常有步骤，一步一步地给他讲清楚，切忌快速带过或含含糊糊。没有相应的数据等能够支持你的说法，会让他们觉得没有可信度，从而不愿意和你打交道。这类客户还有一个特点，就是安全感比较差。他们在考虑问题的时候往往会考虑一些不好的方面，总是有这样或者那样的担心，所以在给这类客户介绍产品的时候，要特意介绍产品在安全性方面表现如何出色，这样才能够打消他们的顾虑，不会因为在使用你的产品之后在安全性方面给他们带来一些困扰。

第三类客户在性格分型里面相对来讲比较直接，他们也不关注他人的感受。这类客户的特点是做事情相对直接，会直接要求结果而不会太多考虑你的想法，我们把这类客户叫作指导型客户。用动物来形容就是老虎。前面那个把送早餐的销售人员赶走的例子，那位客户就是一位典型的老虎型客户。

如何判断出这类客户呢？第一，这类客户面部表情一般也不多，目光往往是直视着你，给人一种压迫的感觉，肢体语言相对也比较封闭。第二，穿着相对正式，也不会有太多的流行元素，穿着正装的可能性较大。第三，办公桌以及办公室的环境简洁。在和这类客户打交道的时候，我们要能够直接呈现出产品的优势和特点能给他带来什么样的结果，因为他们对优势和特点比较关心，就是从结果导向出发。交流的时候说话要简洁，不需要太多的铺垫。适当运用一些同理心就好，甚至不用也不会影响太大，总之就是简单直接，直接达到目的就可以。

这类客户往往给人的感觉是不会特别关注你的感受，感情也不是那么丰富，就是达到他的目的就好。

第四类客户在性格分型矩阵中位于指导型的对角线，叫关系型。用动物来形容就是考拉。考拉会给人什么样的感觉呢？是不是感觉考拉就是安安静静地被人抱在怀里，人畜无害？这类客户相对来讲非常关注别人的感受，并且没有那么直接，给人感觉很舒服，很尊重人。

这类客户的表现会有以下几个特点。第一，面部表情非常温和。他们会用关注的眼神看着你，当你给他做了一件如倒水之类事情的时候，他一定会看着你的眼睛道谢，说话比较温柔。肢体语言也会以开放的居多。第二，这类客户穿着方面以休闲舒适为主。第三，办公室一定会比较温馨，一般会有家人及朋友的照片等。

这类客户的情感相对来讲会比较丰富，也非常感性。我们在跟这类客户打交道的时候要从情感方面去打动他。你可以事先想几个比较打动人的故事或者案例，他们会对这类的故事和方法感兴趣，而且会被感动。在交流的时候，你要特别注意照顾他的感受，多用同理心，多以情动人。

总结来说，社交型和关系型的客户通常会关注别人的感受。若邀请他们外出就餐以及一些业余活动的时候，他们会比较有兴趣去参加，在这个过程中增进感情会是比较有帮助的形式。而思考型和指导型的客户，他们一般不会关注太多和对方感受相关的事情，所以想邀请他们出去吃饭这样的方式增进感情往往是效果有限，或者根本就约不出去。对这类沟通对象来讲，我们要做的是清楚有效地将沟通目的、要展开的合作等这些利益信息传递出去，让他们感觉你是一个专业、严谨、做事情按部就班的人。

提醒大家一点，从性格分型的角度来讲，大部分人是复合体，所以有时感觉对方不止有一种类型的特点，这是正常的。据性格分型的某大数据统计，只有一个特点非常突出的人比较少，这样的人相对极端，在人群中只占7%。

有2.5%的人都有这四种性格特点，可以想象如果是公司CEO或者其他的管理人员具备这些特点，一定会给管理工作带来巨大的帮助，因为他可以和任何性格的人沟通，并且在做一些决策的时候能考虑各种性格的人的特点，使他们能很好地感知对方。

大部分人具备两种或三种性格特点，其中有两种特点的人居多，他们有可能是关系型和社交型，也可能是思考型和指导型，也可能是关系型和思考型，或社交型和指导型，当然很少有人是关系型和指导型，或社交型和思考型，因为这有点恐怖，像分裂了一样。

对于我们来讲，能够适应每一种性格分型并且用对方喜欢的方式进行沟通是非常重要的一项技能，尤其是分析了自己的性格分型后，又判断出沟通对象的性格分型是你对角线上的类型，就需要更加注意调整自己的沟通方式，让对方能够更好地感知你，帮助达到沟通效果。

我们可以在生活或工作中通过一些训练来帮助自己更好地与不同类型的人沟通，因此大家可以在这方面增加一些相应的练习。

总之，最佳状态就是能够适应各种风格，而这个最佳状态是我们追求的目标。

以上就是性格分型带给我们的帮助，你在阅读这部分内容的时候，有没有想到身边具有典型性格分型的人呢？白金法则给我们的启发在于和不同的人沟通的时候，通过对沟通对象的简单分类，根据其性格特点改变我们的沟通方式，做到"待人如所欲"，这样会让沟通对象更好地感知和了解我们，帮助达成沟通目的。

第三单元
感知力沟通之前的准备

Perception Determines
Communication Success or failure

一、主动沟通的重要性

在介绍感知力沟通的准备工作这部分内容之前,我先给大家分享一个故事。

这个故事发生在我儿子身上。在他上初一的时候,一个周三的下午,他放学回家后特别兴奋地和我说:"老爸,我这个周六下午和一个同学出去骑自行车玩。"

看到他那么兴奋,尽管作为家长有一点担心,但不想扫他的兴,所以我问他:"去哪里呀?和哪个同学?"

他说:"就在我们学校附近集合,和某某。"

我听到这个放心了许多,因为我认识那个同学,也是一个懂事的孩子,而且去的地方不算远,儿子骑自行车也很熟练,就是平常机会不多,所以我就同意了,自然也免不了叮嘱一番。

周五下午放学了,儿子很开心,因为周六下午可以和同学骑自行车玩了。我问了他一句:"你们明天约的几点?"

他答:"那天说好了,下午两点集合。"

我提醒了儿子一下说:"你要不要跟同学再确认一下,毕竟是周三约的,已经过了好几天了。"

儿子充满信心地说:"不用,已经说好了,肯定没有问题!"

周六下午一点半,他兴高采烈地骑着车子出发了。

结果还不到三点的时候,儿子一个人骑着自行车回来了,一副垂头丧气的样子。从他的神情中,我基本上判断出来发生了什么,一定是他同学爽约了。

果然不出所料,他一见到我就说:"这同学真是太差劲了!"

我说:"怎么了?"

儿子说:"他计划发生改变,有事儿来不了了,也不提前告诉我一声,害得我一个人在那里傻等了半个多小时,然后给他打了电话,他才告诉我他有事情来不了了,这个同学真是太不靠谱了!"

感知力决定沟通成败
Perception Determines
Communication Success or failure

我一看这个情况,这不是跟孩子沟通的一个好机会吗?(做家长不容易啊,要抓住一切机会和孩子沟通,还要讲究方式方法,不能只是说教。)

别忘了,我们一定要先运用同理心搭建沟通平台,所以我说:"唉,这样的同学真是太差劲了,没有责任心,自己的安排改变了都不知道跟别人说一声,让你在那里傻等!"

儿子说:"是的,就是太差了!"

我紧接着说:"儿子,他这样做是太不替别人考虑,是不负责任!同时,这件事情让你觉得自己有什么收获吗?"

儿子想了一下说:"唉,早知道呀,就应该听爸爸的建议,我出发之前应该主动给他打一个电话,确保没有变化再出发。"

我说:"是的,主动发起沟通非常重要,否则吃亏的人是谁呀?"

他说:"吃亏的是自己啊!"

从此以后,儿子有任何事情需要确认的,都会主动发起沟通,这个习惯的养成和这次被同学爽约是分不开的。

给大家分享这样的故事,其实想告诉大家一点:日常的工作和生活中,主动沟通对我们来讲无比重要。

我在美国管理协会上沟通课的时候,在课程开始之前会带领大家玩一个小游戏,这个小游戏叫"总经理特别任务令"。

游戏其实很简单,就是每个小组有一个总经理和一个经理,其他3~4位是组员。总经理在游戏开始之后,不能和组员坐一起,要坐在教室的后面。总经理和经理之间以及经理和组员之间都不能说话,分别只能通过写纸条进行沟通。

我会给每人发一张卡片,卡片上有5个不同的图案,要让他们通过写纸条进行沟通,找出正确的图案,那个正确的图案非常难以描述。

在游戏的过程中会发现,凡是最终能够取得胜利的小组都有一个特点,无论是组员还是经理都会特别主动地发起沟通。你会看到,大部分小组的经理和组员坐在那里,等总经理给他们布置任务,什么都不干;经理和组员都不知道任务是什么，总经理其实一开始是不知道的。一些反应很快的经理，他们会主动发起沟通，递一个纸条给总经理说："老板，我们的任务是什么？"

总经理在看到这个纸条的时候，才知道原来他的组员们居然不知道任务是什么，于是他把任务写好后递给经理。而那些没有主动问总经理的经理们，就会被一些积极的组员问到任务是什么，经理这才忽然意识到居然还不知道任务是什么呢，不应该只是被动等待，于是他们也会主动去问总经理。

无论是经理主动还是组员主动，只要先做出主动沟通这个动作的小组，最终就能获胜。

这个游戏结束后，大家在复盘讨论的时候，很多同学会说在日常工作中，不论是对上级、对下属还是对跨部门的同事，大家都要加强沟通，但往往在第一步主动性方面做得不够。

我们在生活和工作中，往往有这样一种想法，就是我没有必要主动找他，我就等着他来找我。大家有过这种想法吗？一旦有这样的想法之后，我们就不会主动地发起沟通。事实已经无数次地告诉我们，越是被动等待的人，越容易吃亏。

我们一定要先确立一个观念：沟通的第一责任人永远是自己。既然第一责任人是自己，那么主动发起沟通是第一责任人要尽到的义务。

请大家首先树立起主动沟通的意识，因为这是一切成功沟通的基础。

二、沟通前要明确的四点内容

在了解了主动发起沟通的重要性之后，再来看沟通前要做哪些准备工作。在沟通之前，我们要明确四点内容，即：为什么、要什么、给什么、做什么。明确了这些之后，再结合前面所谈的内容，才可以让沟通对象更好地感知你，从而达到沟通目的。

我们或许经历过一些这样的沟通场景，一个人急匆匆地来找你沟通，但

感知力决定沟通成败
Perception Determines
Communication Success or failure

是语无伦次，你也不知道他在说什么，其最大的原因在于他没有做任何沟通前的准备，自己都不知道该怎么说。

我们听过一句话叫"过一下大脑"，就是形容有的时候说话没有任何逻辑和条理，瞎说一通。我们自己是不是有时候也会犯类似的错误呢？在没有做好充分准备的时候就急于沟通，可能会欲速则不达。为了避免这类情况的出现，需要我们在沟通之前做好必要的准备工作，明确沟通的目的是什么，沟通对象的需求、顾虑、可获得的好处是什么，我会给对方传递什么信息，我希望对方如何开展行动。

结合前面所提到的感知印象理论，每次沟通前，你都按照这样的方式进行准备，你留给别人的印象会是沉着稳重，语言组织的条理性非常强，这一定是好的印象，并且能够帮助达成沟通目的。

该如何做呢？我结合一些案例来给大家讲解沟通前该如何明确这四点。

首先来看第一个案例。

Jane是某公司职员，她在两个月前给自己的部门领导Jack发过邮件，申请10月份的最后一周休假。因为最近的工作繁忙，压力也很大，所以Jane想在手头的项目交付之后，和自己的先生一起度过一个10天左右的假期，好好放松一下身心，以恢复良好的状态。

这个休假申请当时也得到了Jack的同意。不过事情特别不巧，10月20日的时候，Jack所在分公司的上级通知他，总公司要派人来他们的分公司以及他们的部门做一些项目检查工作，而且时间有点紧张，就在10月的最后一周。

为了这次检查，大家都有很多工作要做，而且要做得更加细致，工作量非常大。接到这个通知后，Jack发了一封邮件给部门全体成员，告诉大家这次检查对部门的重要性，所以要全力做好准备工作以配合这次检查，所有的同事一律不得请假。

Jane在看到这封邮件之后很是郁闷，因为这个时间刚好和自己与先生安排的假期"完美"重合了，而她为了这次休假已经和先生提前做了规划，机票和酒店也都已经预定好了，两个人最近每天都在畅想这个甜蜜的假期该如何享受。

看到这封邮件后，Jane在想是不是应该立刻跟Jack沟通一下，希望能够正常休假。

Jane越想越着急，于是立刻跑到Jack的办公室，敲门之后听到Jack在接电话，她一刻也没有等就推门进去了。

Jack刚挂掉电话，Jane立刻跑过去急匆匆地说："Jack，我刚才看到邮件说上级要检查，所以不让员工休假，但是你答应过我要让我10月底休假的，现在怎么这样了呢？"

Jack听完Jane连珠炮似的一段话之后，皱了皱眉头，对Jane说："你没看到这是突然增加的一个任务吗？大家压力都很大，你还是不要休假了，等我们处理完这次任务之后再说吧。"

当Jane还想再说几句话为自己争取假期的时候，Jack的电话又响了，他开始接电话，不再理会Jane。

这个时候Jane觉得非常尴尬，站也不是，坐也不是，领导不理会，自己只好悻悻地离开了Jack的办公室，非常沮丧地回到自己的座位上。

大家觉得这个沟通场景熟悉吗？这也许是很多人在日常工作中都有可能会遇到的一个沟通场景。很显然，Jane与领导的这次沟通是失败的，因为她根本没有达到自己的目的。要想解决这一类问题，首先要知道沟通前需明确的四点内容，分别是为什么、要什么、给什么和做什么。

如果你是Jane的好朋友，你会建议她在沟通之前做怎样的准备呢？我们一起来分析一下。

第一点是为什么，也就是沟通的目的是什么。这个非常简单。我们都知道Jane此次去找Jack沟通的目的，就是希望自己能够正常休假。

第二点是要什么。这里可以用三个关键词概括，分别是：需求、顾虑和好处。这就要思考以明确对方的需求是什么？对方的顾虑是什么？对方的好处是什么？

我们一起来看一下 Jack 的需求是什么。一定是顺利地完成这次的上级检查。

那么 Jack 的顾虑是什么呢？他的顾虑是一旦部门有人休假，不能够高质量完成检查所需要做的准备工作，就会影响到他所在部门的形象，进而影响到他在上级领导心目中的形象。

再来看好处是什么。Jane 休假会给 Jack 带来什么好处呢？大家可能会认为：肯定没有好处啊！

这个时候，就需要我们静下心来思考。任何事情都会有积极的方面和消极的方面。如果 Jane 休假的话，对于 Jack 来说积极方面会是什么呢？也就是说，Jane 休假对他会有什么好处呢？

这里我先给大家讲述一下好处和利益的问题。

我们必须认识到非常实际的一点：成年人更多的是对和自己切身利益相关的事情感兴趣。因此我们应该养成一种习惯：和任何人沟通的时候都要先想一想自己能够给对方带来什么好处或者利益。

了解了这点之后，我们再来分析 Jane 休假会带给 Jack 什么好处，具体有以下几点：

第一，答应 Jane 休假，会让所有的人看到 Jack 是一个关心下属的好领导，而不像一些领导为了自己的利益从不考虑下属的情况。

第二，让 Jane 休假，会让所有同事看到 Jack 是一个言出必行、遵守承诺的人，这一定可以提升 Jack 在其他下属心中的形象。

第三，Jane 最近工作压力很大，状态也不好，工作效率受到了很大的影响。休假可以让她满血复活，迅速恢复最佳的工作状态，从而提高工作效率。

通过以上几点可知，让 Jane 休假真的能够给 Jack 带来几个方面的好处和利益，关键是这些好处和利益如何才能够被想出来。这就是沟通之前我们在准备工作中要做的事情，如果没有做好这些准备工作，这些好处和利益在急匆匆的情况下显然是不可能想到的。

这就是第二点，对方的需求、顾虑和好处是什么。

在思考清楚第二点之后，就要思考第三点：给什么。

给什么，就是自己要给对方传递什么信息？这个时候，大家是不是把第三点即自己要传递的信息已经构思出来了呢？也就是说，先根据对方的需求、顾虑和好处形成相应的信息，再组织成合适的语言。

Jane 可以这样来组织自己要传递的信息：Jack，我知道这次检查非常重要，我已经把自己的工作做了如下安排……

这些工作都是和这次检查相关的，我已经做了整体的规划和分类，也已经做了充分的准备，在 10 月 28 日之前一定可以把相应的工作全部完成，保证上级检查中所需要的资料不会出现任何疏漏。我已经分别和我们团队的 Mary 与 Rose 进行了沟通，如果在我休假期间有需要协调或者准备的工作，她们会帮助我完成的。

另外，我在休假期间会带着电脑，晚上可以处理邮件，如果有紧急的事情，您可以随时给我打电话进行沟通，这完全没有问题。

以上内容就是 Jane 围绕着 Jack 的顾虑，告诉他自己已经做了相关的准备工作，这样做是不是很有效呢？

Jane 还可以围绕着能带给 Jack 的好处来组织自己要传递的信息：

如果这次我能顺利休假，一定会恢复状态，回来之后也会更加努力积极地投入到工作中。相信我们部门的其他同事一定会觉得您是一位言出必行、遵守承诺、关心下属的领导，从而会更加拥护您。

这就是第三点，自己要传递给对方的信息是什么。

很明显，第三点基本上来自第二点，如果已经将对方的需求、顾虑以及好处考虑得很清楚，自己要传递给对方的信息就会顺理成章地出现。

下面我们再看第四点：做什么。

做什么，就是自己希望对方如何行动。这一点非常简单，Jane 希望 Jack 如何行动呢？当然是答应自己的休假申请，自己能和先生按计划去度假。

大家思考一下，如果 Jane 在这次沟通之前可以按照上述四点充分做相应的准备，那么她成功实现沟通目的的概率很大。

为了让大家对沟通前的这四点有更进一步的了解，我们在这里不妨换一个角度，即如果是 Jack，还是同样的事情，该如何按照这四点做好相应的准备呢？

第一点是为什么。当 Jack 得知上级要来检查的时候，他的目的一定是不想让 Jane 休假，所以他希望她放弃休假，和自己一起完成总公司检查的事情。

这就是第一点，沟通的目的。

第二点，对方的需求、顾虑以及好处分别是什么呢？我们来帮 Jack 整理一下。

Jane 的需求是想和先生去度假，因为他们已经准备了很久，而且安排好了行程。

她的顾虑是什么？具体可能会有以下几点：第一，Jane 自己会失望，也担心先生会失望；第二，机票和酒店都已经提前预订好了，如果要退的话，肯定会有一些经济上的损失；第三，自己这段时间状态不是很好，如果不能休假的话，状态会越来越差，心情也会越来越不好。

如果不让 Jane 休假，对她会有什么好处呢？这时候我们可能会想，那真是一点好处都没有，会很失望，会有经济损失，还会导致状态越来越差、心情越来越不好，哪里来的好处？

真的是这样吗？其实任何事情都有两面性。如果 Jack 坚持不让 Jane 休假，对 Jane 有什么好处呢？

我们首先能想到的是，Jane 如果在这个关键时刻放弃了休假，依然在给自己所在的团队做贡献，那么所有的同事、领导都会看到 Jane 是一个对工作负责任、有担当的人。

结合前面的感知印象理论，Jane 就会给别人留下负责任、有担当的印象。这对于 Jane 将来的长期发展一定是有好处的，会在别人心中树立起一个格局很高、很有大局观的形象。

这就是第二点，考虑对方的需求、顾虑和好处。

将第二点考虑清楚之后，第三点，即要传递的信息，就相应地组织出来了。

围绕着 Jane 的顾虑，Jack 可以这样组织自己要传递的信息：

我知道你已经预订好机票和酒店了，如果要退的话会产生一些经济损失，我会想办法尽全力在这方面给你一些补偿。

另外，你的先生也可能会因此有些失望，你看下周哪天晚上我们能不能约个时间，我请你们二位吃个饭以表歉意。待这次检查活动结束之后，我专门给你们安排一个完整的假期。

那么围绕着给 Jane 的好处，Jack 还可以这样说：

这次你放弃个人已经安排好的休假，配合团队和整个公司应对上级检查，这会让我们所有的同事以及领导都看在眼里，并且这次检查会有总公司的一些领导前来，在这个过程中，我也会告诉他们你放弃了个人休假来配合检查工作，这样你会在他们心中留下非常好的印象，即你是一个格局很高并且有大局观的人，这将给你长期的职业发展带来帮助。

最后一点：做什么。这是指自己希望对方如何行动的问题。

Jack 自然希望 Jane 能够放弃这次休假，来配合他一起完成总公司的检查工作。大家不妨想想，如果你是 Jane，当 Jack 这样跟你沟通之后，你答应的可能性会不会大很多？

这就是沟通前要明确的四点。

我们再列举一个案例加以说明。

假如你是某公司负责北一区销售的经理，最近你部门有位老员工即将离

感知力决定沟通成败
Perception Determines Communication Success or failure

职,这位老员工负责的销售区域非常重要,竞争也很激烈,并且在这个区域中有几个客户不太好打交道,因此这是一个压力比较大的岗位。

招聘新人需要一段时间,加上这个岗位的工作难度比较大,即使新人来了也不能立刻上手,因此你打算安排老员工 Jimmy 来接替这个岗位。

你在约 Jimmy 就此事进行沟通的时候,尽管已经想到了 Jimmy 可能不太愿意,但没想到 Jimmy 会如此直截了当地说:"这个岗位的工作内容与我个人的职业规划不符,也与我的个人专长存在差异,我已经有三年的销售经验,我接下来的目标是向市场部方向发展,因此不愿意接受您的这个安排。"

这时你刚好有另一件事情要处理,就暂时结束了这次沟通,让 Jimmy 先回去工作,并对他说自己再考虑一下。

经过几天的考虑,你认为让 Jimmy 接替这个岗位确实是目前最好的选择。因此你决定和 Jimmy 再沟通一次,希望他能够接受这个安排。

在再次沟通前,请按照以下需要明确的四点进行思考。

(1)为什么

这次沟通的目的非常明确,就是希望 Jimmy 能够接替这个岗位,并且尽全力去开展工作。

(2)要什么

首先来看看 Jimmy 的需求。根据你对 Jimmy 的了解,以及上一次的沟通,你判断出 Jimmy 的需求是希望在职场上能有更好的发展,因此他是一个非常有上进心的员工。另外,Jimmy 想按照自己的职业规划和个人专长选择岗位,并明确表示未来想去市场部发展。

再来看 Jimmy 的顾虑。

第一个顾虑是这个岗位极具挑战和压力。目前他在自己的岗位上业绩还不错。而这个新岗位面对的是更重要的市场,有更挑剔的客户、更激烈的竞争。他担心自己处理不好,从而给自己的收入和发展带来不好的影响。

第二个顾虑是Jimmy对自己的职业发展目标明确。他未来想去市场部，所以认为在销售岗位锻炼一段时间，有一定的经验就可以了。如果现在接手这个岗位，可能会影响他的职业发展规划，这是他最不愿看到的。

第三个顾虑是Jimmy在时间分配上有一些压力。你了解到Jimmy最近在利用业余时间准备一些技能认证项目，学习任务比较重。他担心接手这个重要的岗位会影响到自己的时间分配，而他现在的工作可以让他有一些业余时间来保证完成认证项目。

以上是你所想到的Jimmy的顾虑。

那么，接受这个岗位对Jimmy有哪些好处呢？你可以按照以下思路考虑。

第一，他未来想去市场部工作，而了解各个层级的客户是做市场部工作的基础，尤其是与大客户的合作，有利于他更深入地了解市场和产品以及大客户的想法。了解这些内容，对将来从事市场工作，制定出有效的市场策略会有非常大的帮助。

第二，目前团队中的人员变化暂时给团队带来了一些困难，那么谁能够在这个关键时刻勇于承担更多的责任，谁就会在团队中以及领导的心中树立更好的形象，这非常有利于他今后的职业发展。

第三，能力的提升与承受压力的大小有一定的相关性。目前Jimmy所做的工作处在舒适区，而舒适区对能力提升作用是有限的，业绩自然也达不到最佳。这个时候如果接手一份更有挑战性的工作，就可以让自己走出舒适区，提升自身业务能力和业绩，还可以锻炼自己掌控大客户的能力，这有利于将来在市场部的发展。

（3）给什么

基于我们前面对需求、顾虑和好处的分析，"给什么"这部分内容自然而然地就出来了。

你可以这样跟Jimmy说：Jimmy，我能想到接手这个岗位会让你感觉有一些压力和挑战，这一点我非常理解。压力和挑战确实会让人产生一些紧张和焦虑。我们一起来分析一下，接手这个岗位对你会有什么样的影响，好吗？我知道你的职业发展目标是从事市场部的工作，这非常好，也很符合我对你的期望。在市场部工作，最重要的一点就是要制定出有效的市场策略来指导并促进销售，因此对一个市场的了解，尤其是对大客户的了解就非常重要。因为大客户的购买潜力很大，竞争也很激烈，因此受到各个公司的极大重视。对你来讲，接手这个岗位可以帮助你了解大客户，清楚他们是怎么看待我们的产品和竞争产品的，这会给你将来从事市场部的工作带来非常大的帮助。

另外，我也知道你担心接手这个岗位会达不成指标要求，从而影响到自己的收入和声誉。关于这一点，你无须担心，我会给你非常大的支持。在前一个月，我会带你一起去拜访这些客户，直到你完全熟悉他们。并且在你熟悉这些客户之后有任何问题，你都可以随时找我，我会和你一起去解决。

我还知道你在利用业余时间进行一些个人技能的提升，担心接手这个岗位可能会占用你更多的时间。在刚接手一个新岗位的时候，的确可能需要多花费一些时间，我知道你现在还有一些我们团队中几个项目的数据统计、协调工作要完成，我准备将这方面的工作交给团队中的其他同事来做，你只需要集中精力做好这个区域的销售工作就可以了。在管理好新客户的同时，我相信你一定会有充裕的时间来进行能力提升方面的认证。

还有一点，这个区域的客户确实有比较大的挑战，竞争也很激烈，有的时候还不太好打交道。但是如果从积极的角度来看，这是提升个人能力非常好的一个机会，因为以后可能会遇到更多复杂的情况要处理，而和这些客户打交道会给个人能力提升带来正面积极的影响。

（4）做什么

这次沟通希望Jimmy做什么呢？当然是希望他能够充满信心地接手这个岗位，迎接新的挑战。

传递这一信息时，一定要很好地组织语言。语言的组织因每个人习惯的不同而不同，大家也可以按照自己的习惯来组织语言，不过原则是一样的，就是按照沟通前要明确的四点进行思考。

了解了上述四点之后,为了让大家更好地掌握,请大家认真做练习。分别就以下两个案例进行思考。

案例一 假如你是公司工程部的经理,最近你的部门上岗了一批新员工,由于这批新员工对目前的工作不太熟悉,所以影响了工作效率。

于是,你向上级提出一个新员工培训计划。上级看了你的计划后,问:"你觉得一次培训能够解决新员工目前的问题吗?如果经过培训,新员工的工作效率还是没有提升,到时该怎么办?"

为了让上级支持你的培训计划,你该如何与上级沟通呢?

为什么

_____

要什么

_____

给什么

_____

做什么

_____

案例二 假如你是一位家长,有一个聪明可爱的女儿,从小学起就一直担任班干部,很受老师喜欢,顺利地升入当地很不错的一所初中,今年上初二。

现在的孩子接触世界的方式太多了,因此对于世界的认知和了解比我们上学的时候广阔得多。孩子的知识面非常广,也经常和你交流对很多事情的看法。

你最近很敏锐地发现,女儿经常提到恋爱的问题,并且说班上有好多同学都在谈恋爱,还经常说谁喜欢谁,谁向谁表白了,谁又和谁分手了,等等。

感知力决定沟通成败
Perception Determines
Communication Success or failure

　　听到这些之后，你很欣慰孩子愿意和你交流这些事情，也隐隐有一些担心，怕女儿处理不好这些事情。两周前，你听她说有男生向她表白了，但是她不喜欢那个男生，因此没有答应，你在心里长出了一口气，幸好她不喜欢，否则真不知道该怎么办。

　　但是最近情况有了一些变化，女儿和你说隔壁班有个男生特别帅，学习也很好，他们相互加了QQ。你也注意到一些细节，有几次发现女儿的手机一直在QQ界面，吃饭的时候也拿着手机，好像是在和那个男孩聊天。

　　发现这些情况后，你产生了一些焦虑，担心女儿处理不好这些事情，于是你决定和女儿就这个话题进行一次沟通。

　　如何与女儿沟通呢？请按照沟通前要明确的四点进行思考。

为什么

_____

要什么

_____

给什么

_____

做什么

_____

第四单元
感知力沟通中的四件事

**Perception Determines
Communication Success or failure**

做好相应的准备工作之后，我们就可以进行沟通了。那么，做好这些相应的准备工作是否就可以顺利完成沟通呢？不一定。

沟通是一件很有难度的事情，要想达成沟通目的，成为沟通高手，做好准备工作才只是第一步。接下来，我要给大家介绍在沟通过程需要注意的四件事：始终保持融洽氛围、控制难解的情绪、给予积极的反馈、同步与配合对方。

在沟通的过程中，我们要时刻注意这四件事，用我们的感知力敏锐地感知它们，一旦掌握并且能够熟练运用它们之后，我们就有可能成为沟通高手。

一、始终保持融洽氛围

（一）什么是融洽氛围

在你和其他人进行交流或沟通的时候，是否会有这样的感受，即有一种很奇妙的氛围存在，而这种氛围会影响你们之间的交流和沟通。

比如你在和沟通对象交流的时候，一句话没有说好，就可能会让对方感觉不舒服，从而做出一些反应。一些感知力敏锐度高的人可能会意识到，立马停下来进行反思；但是一些感知力敏锐度低的人可能会忽视对方的反应，并继续不停地说。这里的感知力敏锐度和前面给大家介绍的表情神态感知力、肢体语言感知力以及说话语气感知力都相关，就是指我们感知对方的敏锐程度。

忽视对方的反应而继续说下去是没有任何意义的，有时候对方甚至会拒绝和你沟通，直接给你下逐客令。

再举一个例子，当你在和一个人沟通的时候，从开始到逐步深入都是围绕着你们沟通的主题，而且聊得很开心，交流过程一直非常顺利，你能感觉到对方在一步一步加深对你的信任，流露出与你继续交流的愿望。从他的肢体语言、眼神以及对你所介绍内容的感兴趣程度中，你都觉得你们两个人交谈甚欢，而且可以非常顺利地一步一步往前推进，这就是非常理想的融洽氛围带给我们的帮助。这种在与沟通对象交流的时候，能达到理想目的的氛围，叫作融洽氛围。

也有一些时候，当你在与对方沟通的过程中，感知到对方好像没有那么大的耐心听你多说，从他们皱眉头的表情、封闭的肢体语言以及一些略显不耐烦的语气中，你感觉到氛围很差，就不适合继续推进沟通了。

这种看不到但是能感觉到且确实客观存在的氛围，和与沟通对象在一起交流时候的温度一样，这个温度无论高低，都会对沟通过程的推进以及沟通结果产生重要的影响，因此对于沟通者来讲，是否能够敏锐感知这个温度非常重要。

我们需要注意的是，任何两个人之间的交流都会存在这种氛围，也都会受到这种氛围的影响。无论是工作场景中与客户、同事，还是生活中的朋友之间、夫妻之间或者家长与孩子之间，只要涉及沟通，都会有融洽氛围存在。

两个人之间沟通的温度，究竟是越高越有利于达成沟通的目的，还是越低越有利于达成沟通的目的呢？大家可以想象，如果两个人之间沟通的温度已经到了冰点，不可能达到很好的沟通效果。

有些朋友也许会说，我跟家人、朋友在一起聊天的时候都很开心，好像感觉不到所谓融洽氛围的存在。请不要质疑，融洽氛围一定是存在的。当你们一起聊得非常开心的时候，就说明你们之间的融洽氛围温度非常高，你们也特别愿意在这种氛围中继续聊下去。

我们还要注意的是，融洽氛围温度的高低对于一些有目的的沟通显得尤为重要，比如在销售场景中。因为你有很强的目的性，即让客户了解你的产品、接受你的产品，直到最终购买你的产品。再比如与上级或同事沟通关于需要支持帮助的场景也是有很强的目的性，即你希望得到对方的支持或者帮助。

在这些场景中，要特别注意保持融洽氛围，只有让你们之间的沟通一直保持一定的温度才可以顺利达到沟通目的。

又比如与孩子的沟通、夫妻之间的沟通都会有一些目的性，这时一定要注意保持融洽氛围。举个例子，当你就孩子的一些表现与孩子进行沟通的时候，能否感觉到融洽氛围存在呢？当你们之间能够就沟通的话题展开充分交流的时候，你会感觉到你和孩子之间的沟通氛围非常好，孩子愿意向你敞开心扉，你也有机会从更深层次去了解孩子内心的想法。在融洽的氛围中，你们之间会更有可能达成共识。如果融洽氛围保持得不好，孩子会拒绝和你交流，这样也就无法达成沟通的目的。

回想前面大家做的那个和自己女儿沟通之前做准备的练习，即使在沟通之前准备做得再好，语言组织得再完美，开始实际沟通后，由于没有很好地感知融洽氛围，而且这个温度已经很低了都没意识到，孩子也不会愿意和你继续沟通下去。

（二）融洽氛围为什么很重要

融洽氛围之所以很重要，是因为我们在与别人沟通的时候，都会处在一种状态下，这种状态决定着我们内心的开放程度，而内心的开放程度决定着沟通对象是否愿意敞开心扉与我们沟通。

下面举一个消费者与销售人员沟通的例子。当你作为消费者去购物的时候，是否有过这样的经历？有个销售人员从面部表情到眼神再到一些肢体语言都让你感觉不是很舒服。比如你在问一些问题的时候，他表现出不耐烦的态度，或者给人一种盛气凌人的感觉，你内心一定会觉得这个销售真是让人讨厌，我肯定不在他这里买任何东西。

有了这种想法，当这个销售人员继续询问你意见的时候，你的内心已经关闭了，你不愿意再和他交流任何事情，然后直接离开，选择另外一家店铺。

一个优秀的销售人员在与客户沟通时，自始至终能让客户感觉非常舒服，只有这样,客户才愿意敞开心扉与你交流。能够让客户敞开心扉是一个优秀的销售人员必须具备的能力。客户越愿意把心里的事情告诉你,就越有利于准确判断客户的需求,从而顺利完成销售。

日常生活中的沟通也一样。在沟通的过程中,一定不能让对方感觉你有一些傲慢。当你说出一句话之后,身边不同的人会给予不同的肯定方式。有的人会说"对的""是的""没错",这些都是肯定的回答。可是有的人习惯说"对呀",并且会用升调说出来,这就会让你感觉后面的意思好像是:"对呀,就是这样子,难道你不知道吗?"

如果你面对的是这样的沟通对象,会不会感觉这个人有点傲慢,这一个简单的"对呀"就表现出他满满的自我优越感。这种自我优越感一定会给沟通对象带来不好的感受。这时,沟通对象对他的感知即他是一个傲慢的人,不想和他多说话。也正因为这一句"对呀",沟通对象可能就已经默默地闭上了心门,不愿意有更多的交流和沟通,自然就没有办法探询其内心真实的想法和需求。

因此,在沟通对象提出某些观点之后,让其感觉舒服的回应是:"是的,您说得对。"当他听到"是的,您说得对"的时候,一定会感觉到很开心,因为他觉得自己的价值得到了认可,所以会敞开心扉,愿意多交流。交流越多,意味着你们之间的融洽氛围温度会越来越高,你们之间的沟通也会越来越顺畅。

再比如用词方面,尽量不要用"为什么"。因为"为什么"很容易让对方产生被批评和面临挑战的感受,从而可能会引起对方的抵触情绪,使对方关闭心门,引起融洽氛围温度的下降。我建议大家把"为什么"改成"是什么原因"这种用词,这样对方的感受会好很多。

为了让大家进一步感受融洽氛围的重要性,下面再举一些例子。

当我们与父母、配偶或者孩子进行一些有目的的沟通时,应该非常敏锐地判断融洽氛围的温度并想办法改善。因为当对方感觉有些不舒服或者有压

感知力决定沟通成败
Perception Determines Communication Success or failure

力的时候,就会不想与你继续交流下去,也就是会闭上心门。而当他心门关闭的时候,你自然无法与他进行深入的交流和沟通,也无法获知他内心真正的想法,因此很难达成共识。

就像我们在影视剧作品里经常看到的一些场景,男女主人公因为一些小事最终沟通失败,这往往是因为一方不注意措辞、表情、肢体语言等,没有感知到和对方之间的沟通融洽氛围已经遭到破坏,且温度越来越低,还继续围绕着这个问题不停地说,从而引发了一场激烈的争吵。这样不但没有达到任何沟通目的,反而给两个人带来了巨大的伤害。

有一部电视剧,主要内容就是高三孩子的生活以及他们与父母之间的沟通。在这部电视剧中,我们多次看到父母与孩子之间没有注意融洽氛围的问题,导致沟通最终失败的场景。其中常见的情况是妈妈对孩子有很高的要求,所以经常在孩子耳边唠叨。我们看到这种场景的时候会感到着急,明显这个孩子已经非常不愿意再听下去了,但是妈妈压根没有注意到孩子的变化,更没有意识到他们之间氛围温度几乎已经到了冰点,还在按照自己的目的不停地说,直到最终逼得孩子爆发,要么是特别凶地发一通脾气,要么是干脆离家出走。这个时候的任何一种结局都会让妈妈觉得委屈,然后向老公哭诉一番,最后搞得全家都很不开心。

电视剧里的情节在我们的生活中是不是也很常见呢?而之所以会出现这种现象,就是由于父母没有意识到和孩子的沟通要关注融洽氛围的问题。

对融洽氛围的忽视,往往会导致只是按照自己想要达成的目标去努力沟通,而且不停地说,根本没有意识到融洽氛围的温度已经越来越低,孩子已经处在要爆发的边缘,直到最后孩子爆发,两败俱伤,这样根本无法达到沟通目的。

因此,在任何重要的沟通场景中,我们必须认识到融洽氛围对于达成沟通目的的重要性,只有这样才会时刻关注融洽氛围是否保持在一个比较好的状态。这就要求我们在整个沟通的过程中,要提高自己的敏锐度,时刻用心去感知对方，准确判断融洽氛围的温度。

我给大家的建议是，沟通时在潜意识中始终问自己：目前我和沟通对象之间融洽氛围的温度在继续上升吗？是否可以顺着这个上升的温度继续推进我的沟通流程？一旦融洽氛围的温度出现下降的话，我是否能够敏锐地感知到？接下来我要给大家介绍两个要点：如何能够感知融洽氛围的温度开始下降以及融洽氛围的温度下降之后该如何处理。

（三）如何感知融洽氛围被破坏

融洽氛围被破坏的第一种表现就是沟通对象处于游离状态。什么是游离状态呢？在与他人沟通的时候，我们是否留意过沟通对象有以下行为表现？

第一种是对方陷入沉默，不再说话。当我们在沟通时，如果对方突然不再说话，陷入一种沉默的状态，你就要特别小心了，也许对方对你所说的内容一点兴趣都没有，又不好意思打断你，只能强忍着等你说完之后把你打发走。也许对方感觉你根本就不懂他，他内心想要的东西、真正的需求，你压根就不知道。

这是大部分人在对对方表达的内容不感兴趣时的表现。换作我们自己也一样，当我们的沟通对象唠唠叨叨地说个没完，而且说不到重点或我们感兴趣的内容时，相信我们也会感到厌烦，但是迫于面子又不能直接把他赶走，这时最好的阻止办法就是自己停下来，不再接话，不再和对方有双向的交流与沟通，盼着他快点说完结束沟通。这是第一种，我们要特别留心对方是否陷入沉默，不再说话。

第二种是对方开始走神，根本没有在听你说话。尽管他嘴上说"当然啊""好呀"，但是通过他的眼神和面部表情能够判断出他只是在应和你，已经完全没有在听你说什么了。通过这些行为细节，你要迅速意识到对方已完全走神了，也就是进入游离状态了。这个时候说再多的东西，对他来讲也是没有任何意义的，因为他根本就没有听你在说什么。

当发现对方有以上两种行为的时候，我们要立刻敏锐地认识到，自己和沟通对象之间的融洽氛围已经遭到了破坏，也就是沟通氛围的温度开始在下降。面对这种情况，如果继续沟通的话，显然是不可能达到很好的效果。

融洽氛围被破坏的第三种表现就是沟通对象出现了一些焦躁或者不耐烦的情绪。

你是否有过这样的经历，当你在和他人沟通的时候，对方刚开始还能耐心地听你讲，但是慢慢地由于一些我们不太了解的原因，可能是对方突然有其他的事情要处理，也可能是有一些令他烦恼的事情在影响着他的思绪，以致他开始变得不耐烦。这个时候，我们就要非常敏锐地识别出对方的这些行为细节，比如对方开始皱眉、不再注视着你、摆弄自己的手机或者面前的一些文件等。有的时候，沟通对象还会说一些听起来不太友好或者有一点攻击性的话，比如他会皱着眉头问你"我凭什么要相信你？""你怎么能证明你刚才说的话是对的？"

当你发现对方出现这些行为细节的时候，就要敏锐地意识到对方已经进入了一种不耐烦的状态，同时意识到你们之间的融洽氛围已经遭到了破坏，也就是融洽氛围的温度已经在开始下降。

遇到这种情况，我们该怎么办呢？在发现对方出现这些行为的时候，我们还要继续沟通吗？一定不要继续沟通了。因为对方在这种情况下已完全听不进去你在说什么，继续沟通达不到任何效果，反而会让对方厌烦。遇见修养和脾气好一点的沟通对象（比如前面我们介绍的考拉型人格的人），他可能会保持一阵沉默，让你唠叨完之后对你说一句："好，那就这样吧，我还有别的事，以后再说。"采用这样的方式结束沟通，内心的语言其实是："以后再也不要来找我了，我再也不想见到你。"而遇见一些修养差一点的、脾气急躁一点的沟通对象（比如老虎型人格的人），他可能会直接打断你的话："好了，我的时间很紧张，你可以出去了。"

这些都是我们非常不想遇见的场景，所以我们必须清楚一点，就是当发现沟通对象有上述这些行为的时候，一定要暂停下来。暂停下来之后，再根据当时的场景进行融洽氛围的修复工作，直到你觉得融洽氛围修复得跟原来差不多、适合继续沟通时，你才可以按照你的沟通流程继续推进。

（四）融洽氛围已被破坏怎么办

在了解了融洽氛围被破坏的行为细节以及认识到暂停下来的重要性之后，就要知道如何修复融洽氛围并提升其温度了。

这里给大家介绍几个办法，第一个办法叫转移话题。

当你发现对方开始沉默、游离或者有一些不耐烦的时候，首先应当意识到，目前谈论的这个话题对对方来讲没有意义，无法吸引对方，或者是对方遇到别的情况等，总之要时刻关注并感知对方的状态。一旦遇到那种情况，你要迅速判断是不是自己对沟通对象的需求、顾虑、好处事先了解得不够准确，不知道什么是对其真正有价值的以及能够解决他实际问题的关键点在哪里，没有做好相应的准备。

有的时候确实是我们没有判断准确，那么在感知到对方因对我们谈论的话题不感兴趣而陷入沉默的时候，我们就要学会转移话题。

如何转移话题呢？首先可以暂时谈论一些轻松的话题，因为对方对目前谈论的这个话题没有什么兴趣，因此要先转移到轻松的话题上来恢复融洽氛围的温度，比如转移到他的爱好等一些他感兴趣的话题上。

当运用了转移话题这个办法依然没有恢复融洽氛围的最佳温度时，就要暂停沟通，从之前的情境中彻底摆脱出来，比如可以先给对方倒杯水或者咖啡，然后抛出轻松的话题，努力使融洽氛围的温度上升到理想的状况，这个时候再自然地回到之前谈论的话题中。

当然也会遇到最不理想的情况，无论用什么办法都无法让融洽氛围的温度上升到理想状况的时候，就要毫不犹豫地结束沟通，与对方约好下一次沟通的时间。

总之，一定要认识到当与沟通对象融洽氛围的温度下降的时候，切记不能继续推进，否则不会给沟通双方带来任何好的结果。要做到这一点，就要有足够高的感知力敏锐度，在与沟通对象交流的同时，一定要在潜意识中观察对方，不断地感知对方，时刻注意判断目前与对方交流的融洽氛围温度，并且能够让他保持在这样的融洽氛围中。是否有这方面的意识和能力，是区别沟通高手和普通沟通者很重要的一点，而这一点和感知力相关。有的人天赋异禀，感知力就是强，敏锐度就是高，这些人很容易成为沟通高手。对于普通人来讲，我们先要知道有感知力这个因素存在，再在自我认知的基础上一步一步地提升自身在这方面的敏锐度。

只要我们能认知这一点，有意识地加以改善，就会发现每次在与他人沟通的过程中，我们会越来越关注对方的行为表现，进而根据观察到的行为细节随时调整自己的行为，我们这方面的能力一定会得到提升。

以上就是对融洽氛围的介绍，这里再次强调一遍：要想成为一个沟通高手，就要能够非常敏锐地识别出融洽氛围的温度，并在潜意识中时刻关注对方的行为表现，使沟通氛围的温度一直保持在一个非常理想的状态，让沟通双方彼此舒适、没有压力。

二、控制难解的情绪

这一部分给大家介绍沟通过程中情绪控制的问题。

情绪可以分为两大类，一类是正面情绪，比如开心、欢乐、喜悦等，还有一类是负面情绪，比如愤怒、忧郁、担心、焦虑等。

所谓沟通过程中的融洽氛围，就是指我们在沟通过程中要保持正面的情绪。正面的情绪有利于沟通流程的推进。然而在实际沟通过程中，我们很容易受到一些负面情绪的影响，导致沟通不畅。下面我们主要谈负面情绪如何影响我们的沟通，以及我们如何处理负面情绪。

首先我们要认识到，只要是人，就一定会产生情绪。只要产生情绪，就自然有正面情绪，也有负面情绪。不要认为有负面情绪不好，这是很正常的事情。我们需要做的是想办法排解负面情绪，以免这些负面情绪影响我们的沟通。

沟通过程中的负面情绪是怎么来的呢？它来自我们的感知。比如，我们会感知到对方的负面情绪，感知到对方的肢体语言、语音语调，感知到对方对我们的不尊重、不耐心，这些都会让我们在沟通过程中产生负面情绪。负面情绪会让我们做出一些非理性行为，从而影响到沟通目的的达成。

负面情绪出现后，该如何排解呢？总的原则就是：是我控制负面情绪，不是负面情绪控制我。如何控制负面情绪呢？要想控制负面情绪，就要做到以下两点：第一是提升自己的格局和思维层次，这是从心法层面而言的；第二是正向意图假设，这是从招式层面而言的。

（一）提升格局

格局这个词大家应该不陌生，那么该如何理解它呢？我们想到的关于格局的诠释可能有：格局是包容、高度、时间的长短、思维层次的高低等。

首先我们来看一下格局的定义。

"格"是指人们对事物认知的程度，"局"是指在认知范围内所做事情及其结果，合起来称为格局。不同的人，对事物的认知程度不一样，所以格局也就不一样。

《礼记·大学》中有一句反映儒家思想的名言——格物、致知、诚意、正心、修身、齐家、治国、平天下。这句话反映的就是一个人心怀再大的抱负，也要从一点一滴的小事做起，一步一步实现。对于"格物致知"，历史上有很多种不同的解释和说法，包括王阳明以及朱熹等也都有自己的一些诠释，基本上认为"格物"是指认知事物，了解事物，"致知"是指推究事物的道理，成为真知。因此，"格物"的"格"其实和"格局"的"格"有相同的意思，都是指对事物的认知。

在我们周围，有些人善于复盘他经历过的事，不断反思，找出规律，下次遇见同样的情形就可以很好地应对，并且保证不会犯同样的错误。

也有些人做事情就像狗熊掰棒子，掰一个扔一个，根本不关注经历过的事，更别说总结规律了，这样的人要想进步非常难。

由此可见，格局主要和人们对事物的认知有关。格局高的人，对事物的认知范围会更大，并且更善于总结，找出事物的规律；而格局低的人，对事物的认知范围就很小，复盘和反思的意识也比较差。认知范围的不同造成了看事物的层面不同，也影响了思维和做事方式。

为什么说格局是控制情绪的心法呢？我们先从对事物的认知范围来看。因为格局越高的人，看问题的层次越高，就越不容易被对方的外在行为和情绪所影响。而格局越低的人，看问题的层次越低，就越容易被对方的外在行为及情绪所影响。

可以说，心法是一切招式的基础。如果心法修炼不到位的话，学习再多的招式也是徒劳无功。所以，提升格局相当于修炼心法，如果不提升格局，可能根本应用不到招式，即使应用也是歪打，对自己一点帮助也没有。

由此可见，提升格局不单单有利于我们对负面情绪的控制，也有助于我们对日常生活和工作中遇见的种种问题进行思考。

如何提升格局？这一定是大家非常关心的问题。下面我们一起探讨一下如何提升格局，希望能给大家带来一些启发。

首先我要问一个问题：如果你说这个木棍是真的，我就用它来打你；如果你说这个木棍不是真的，我也用它来打你。那么，这个木棍是真的吗？

对于这个问题，你会怎样回答呢？似乎只要你回答这个问题，就要挨打。这样看，好像有点无解。

这个问题是不是让我们想起了广大中国男士经常被问到的一个问题呢？"老妈和老婆都掉到水里，你先救谁？"这类问题的共同点是不管怎么回答，似乎都没有好的结果。木棍的问题，无论回答是真的还是不是真的，都要挨打。救谁的问题，无论你回答救老妈还是救老婆，都会使一方不满意。

大家知不知道世界上智商很高的人是怎么回答这个问题的呢？在这里，我要引用爱因斯坦的一句话，这句话能够给我们一些启发。他说："你永远不可能用制造出这个问题的思考方式来解决这个问题。We can't solve problems by using the same kind of thinking we used when we created them."

这句话的意思是，如果你被制造这个问题的思维层次所局限，这些问题永远是无解的。你只有跳出这个问题，才能够想出解决这个问题的方案。

为了让大家进一步理解提升格局和思维层次带给我们的帮助，我再举一个例子加以说明。

在日常生活中，我们难免会跟别人发生一些争执。比如夫妻间吵架，相信大家都有这方面的经历。那么，如何通过提升格局和思维层次的方式避免夫妻间吵架呢？

也许有人会说，吵架也是一种沟通，冷战才最可怕。是的，夫妻间吵架是正常的，冷战是最可怕的。当然了，吵架也分小吵或者大吵，所谓小吵怡情，大吵伤身。

因此，一定要避免大吵。因为大吵会引发情绪的问题，而这和我们这部分讨论的内容息息相关。大家再思考一个问题，吵架的原因是大事情居多还是小事情居多呢？

我们静下心来想想，会发现真的是小事情居多。在当时那个场景下，双方都认为自己有道理，彼此不肯相让，你一言我一语，就这么吵起来了。而且在吵架的时候，人们往往会说一些比较刺痛对方的话。这种刺痛对方的话，会在对方的心里留下伤痕，并且这种伤痕是很难愈合的。这样会给两个人的关系带来非常不好的影响。还记得我在前言里给大家介绍的杀伤力最大的表情"蔑视"吗？在这种情况下，很有可能会出现这种杀伤力巨大的表情，所以要尽量避免大吵。

如何通过提升格局和思维层次的方式来解决这个问题呢？

每当吵架的时候，应该想想：两个人在一起生活的共同目标是什么？答案肯定是快乐和幸福。如果当时我们的思维层次在这个高度，那么刚才引起争吵的那个问题还有绝对的对或错吗？那个问题可能就不复存在了。

我听过一个很有意思的故事。小两口刚成家，有一次因为煮面条的事情吵了起来，而且越吵越凶，最后无法收场，女孩子直接搬回了娘家。事情是这样的。

两个人一起煮面条时，女孩子说："在我们家，从小到大我看我妈妈煮面条，每次锅开了之后要往里面添凉水。"

而小伙子说："在我们家，从小到大我看我妈妈煮面条，锅开了从来不添凉水，一直开着锅盖，直到把面煮熟。"

两个人就因为这样一件事情，你一言我一语地争论了起来，他们都认为自己妈做的是对的，互不相让，导致负面情绪爆发，越吵越严重，最后无法收场，女孩子搬回了娘家。

结合前面谈到的提升思维层次的方法，我们来看一下这件事情。煮面条，锅开后添不添凉水重要吗？不重要。有绝对的对或错吗？显然是没有的。但问题是两个人在这个时候思维层次都处于很低的水平，没有跳出这个问题来思考，而是陷入这个问题中无法自拔。这就是我们前面谈到的，只有跳出问题才能想出解决问题的方案，否则就会无解。

因此，提升自己的格局与思维层次是我们每个人都要修炼的心法。既然是心法，就不可能一蹴而就，就需要我们每天不停修炼。如果不注意修炼心法，往往会事倍功半。

回到我们前面谈论的沟通中的情绪问题，只有提升格局与思维层次，在沟通的过程中，才能够做到不被对方的情绪所影响，不被对方谈及的问题所局限。

因此，大家以后要养成这样的习惯，遇见任何问题时，首先问问自己，是不是被这个问题所局限了。如果是，就要问问自己如何才能够跳出这个问题寻找解决方案。

日常工作中有一种情况也会影响我们的情绪，就是人际关系。一个人的格局是怎么影响人际关系的呢?

这里给大家举一个例子。在你刚被提拔做管理者的时候,你的认知可能是这样的:每一位同事都应该跟我非常亲密,我要处理好与每一位下属的关系。他们和我在一起的时候都特别开心和快乐,有任何事情都会来找我,和我无话不谈。我也确实是发自内心地对大家好,关心每一个下属。这绝对是正常而健康的上下级之间的关系。

但时间一长,你会发现情况好像和你想象的不太一样。有些下属愿意和你多说两句,有事情会主动向你汇报;有些下属好像刻意和你保持距离,不想和你走得太近。于是,你会变得特别敏感,一个同事行为上的一点变化,都会让你立刻想是不是他对你有意见。比如平常你们中午都一起去吃饭,可是今天中午他和别人一起去吃饭了,你就会想:他是对我有什么不满吗?我是不是哪方面没有做好?再比如平常你们在茶水间遇到之后都会很热情地聊天,可是这一次他就像没看见你一样,连招呼都不打,你又会想:是不是我哪些地方有问题?

长此以往,你的情绪就会受影响,比如会出现焦虑、担忧、失落等情绪。大家不要觉得奇怪,有很多管理者真的是这样的。那么,提升格局如何能够帮助我们解决情绪方面的问题呢?

我在美国管理协会每年有五十场左右的管理课程,其中有一部分就是针对初级管理者的。课上经常有学员和我沟通,诉说他们如何对下属好,如何关心下属;害怕他们会不开心,担心他们会对自己有意见;等等。总之,就是希望下属认为自己是一个好领导。

每次,我都会运用提升格局的方法来引导他们。

我经常问他们这样一个问题:"你们认为理想的上下级关系应该是怎样的呢?"

大家会回答:"和谐的、彼此信任的、相互体谅的、包容的,等等。"

也有一些同学会说:"能完成任务就好,有必要管那么多吗?"

在大家激烈地讨论一会儿之后,我会帮大家总结。我一般会这样说:

感知力决定沟通成败
Perception Determines
Communication Success or failure

其实大家说的都没错，这些都是上级和下属关系中很常见的。成为一个管理者之后，我们要提高看问题的高度，扩大对问题的认知范围。任何问题都受多种因素影响，而很少受单因素影响。当然，有一些人会认为任何事情都受单因素影响，这样的人思考问题的思路和想法往往比较简单，做事情也比较绝对。我们身边存在大量这样的人。

随着大家管理层级的提升、能力的提高、经历事情的增多，就应当清楚地认识到世界上绝大多数的事情是复杂的，是受多因素影响的，而不是简单由一两个因素所决定的。

一个人在思考问题的时候，是否能够站在更高的层次去思考，尽量考虑到事物的所有相关因素，在进行系统的分析之后，才决定下一步的行动，可以反映出他的格局，也就是他对事物的认知范围。

回到我们前面讨论的与下属的关系问题，具体有两种关系，一种是要和谐、开心，另外一种是要完成任务而不顾你那么多的感受，这些都是有相应理论支持的。这个时候我会介绍一下管理中的 X 理论和 Y 理论：X 理论假设人性本恶，需要严管，大家才会好好工作；Y 理论假设人性本善，不需要严管，大家就会自觉工作。这里不再赘述，大家有兴趣的话可以自己去查阅一下 X 理论和 Y 理论。

在介绍完理论之后，大家的认知范围得到了扩大。最后，我会做出总结：随着我们认知范围的扩大、格局的提升，我们会知道自己与下属的关系不可能永远是和风细雨，也不可能一直是狂风暴雨。在这个过程中，有一团和气的时候，也有争执、争吵的时候。

当你的认知范围扩大到一定程度的时候，你就不会再因下属一个小小的行为上的变化而影响情绪。你的情绪一直是稳定的，因为你此时已经非常清楚地了解到在和下属相处的时候，这些情况都是很正常的。你的认知范围的扩大，也就是格局的提升，会让你的情绪更加稳定，不再敏感而容易受到影响。

其实作为新人，我们在初入职场的时候又何尝不是一样的呢？我们也会经常受到一些人际关系方面的困扰而影响我们的情绪。

初入职场的时候,我们的认知有可能是同事之间应该亲如一家,大家应该像兄弟姐妹一样,这些大哥哥大姐姐应该关心和帮助我。如果没有感受到关心和帮助,加上有些人可能不是那么热情,我们的情绪就会受到影响,从而会焦虑、担忧。同时会想:是不是我哪里没有做好?是不是他们对我不满意?这其实还是认知范围的问题。对此,我们可以这么理解:首先大家在一起是工作关系,在这个基础上,有一些人可能会和你成为朋友,有一些人在你离开这个公司或者这个岗位之后,你们这辈子都不会再有任何交集。

伴随着在这方面认知范围的逐渐扩大,我们就会认知到成为同事,并不意味着会有兄弟姐妹般的关系。因此,同事之间首先是同事,在这个前提下,当某些同事对你有些意见或者是给你脸色、不够友好、不够耐心的时候,就会觉得这都是正常的,因为大家只是同事关系,别人没有义务照顾你。所以,他们的这些行为表现就不会影响你的情绪。

但是,当你对同事关系的认知范围比较小的时候,你很可能会受到同事各种各样行为的影响,从而影响你的情绪。这就是现在有很多公司都不再提"家"文化的原因。以往有些公司比较喜欢"家"文化,这样大家的认知是公司是一个大家庭。当然"家"文化是有一些可取之处的,比如大家相互包容、彼此谦让等。

"家"文化之下的家人关系和真正的家人之间的关系还是有很多不同之处的。比如你能开除你的家人吗?当这个家人在家里面长时间没有任何贡献的时候,你仍然不得不养着他,而不能把他开除,但是工作单位允许这样的人存在吗?显然是不允许的。所以当大家的认知范围扩大到这个程度的时候,就会很清楚:公司就是公司,同事就是同事,公司不是家,同事不是家人。我们希望同事间有家人一般的温暖,有的时候体会不到这种温暖也完全正常,更不会影响到我们的情绪。在这种情况下,我们首先要注意什么样的行为要避免,什么样的行为要控制。

这听起来稍微有一些刺耳,不过事实就是这样的,这还是和我们的认知直接相关。

在这种思维模式下,伴随着我们格局的提升、认知范围的扩大,以前同事可能会让你情绪受到影响的行为,现在再也不会影响你的情绪。这些都和我们的认知范围(也就是格局)息息相关的。

前面给大家列举的例子,主要是告诉大家如何扩大我们的认知范围,提升我们的格局。除了这一点,时间的长度也会影响我们每个人看问题的层次。

比如妈妈焦虑的问题。妈妈患有焦虑症,导致妈妈与孩子的沟通中发生很多不愉快和矛盾。如何解决妈妈焦虑的问题呢?

要解决这个问题,可以从时间长度的角度去思考。我们都听过这样一句话:不要让孩子输在起跑线上。就因为这句话,家长们,不仅是妈妈,还有爸爸,都开始拼命,比如孩子必须上最好的幼儿园,同时要上各种补习班;接下来就是千方百计买学区房,必须上好的小学;然后继续拼命,一定要上好的初中;紧接着上好的高中,一直到上好的大学。这是当前很多家长的常态吧?

这些问题给家长带来很多焦虑,也导致很多家庭产生沟通问题。前面在谈到融洽氛围的时候,我举过这样的例子,现在我们来看看融洽氛围无法得到保持的根本原因是什么。其实还是因为"不要让孩子输在起跑线上"这句话,妈妈产生了焦虑。

我们一起来分析一下。首先我们看这句话是否成立。什么样的运动项目会有起跑线?大家可能会想短跑才有起跑线,长跑是没有起跑线的。那么孩子的一生,究竟是一场短跑,还是一场长跑呢?

很显然,孩子的一生可以说是一场马拉松。马拉松有起跑线吗?大家回想一下马拉松的起跑现场,有时候大型的马拉松比赛有几万人聚集在一起开跑,哪有什么起跑线?

一场马拉松比赛中,能跑到最后的一定是耐力好、方向正确、有毅力、坚持不放弃的选手。由此联想到,我们在培养孩子的过程中,要培养他正确的三观、积极正向的态度、勇于坚持的品质、宽容的性格，这样才能帮助他在人生的马拉松中一直向前。

有些问题，当下看是一个巨大的问题，当把时间拉长再看，也许它就是一个很小的问题，比如非要让孩子上名校或许不会是一个让你焦虑到无法睡觉的问题。

扩大认知范围同样适用于妈妈焦虑症。因为孩子是独立的个体，孩子的生活要靠自己去过，父母不可能提前给孩子安排好一切，更何况现在的孩子见多识广，自我意识越来越强。我前面给大家介绍过个人感知滤网的概念，作为父母，绝对不可能用自己的个人感知滤网去过滤孩子，因为父母和孩子看到的世界是完全不一样的。

由此看来，如果我们能够从更广的范围去认知，从更长的时间去思考，就能在沟通过程中给我们的情绪控制带来帮助。

但说起来容易，做起来难。提升格局是心法，而心法的特点就是没有固定的套路以及演练的方法，它基本上是思维层面的一种方法。下面我要介绍给大家的另一种控制情绪的方法是正向意图假设。它是一种招式，会有一些演练的步骤和具体的方法。

（二）正向意图假设

情绪影响行为基本上是这样一个流程：先产生一种感受，接下来会有相应的行为。

给大家举个例子。比如你正开车在左转道上排队，突然有一辆车要加塞，请问此时你的感受是什么？相信大部分人的感受是愤怒或者生气，就是以负面感受为主。负面的感受自然会带来负面的行为，比如把前面的车跟得紧紧的，不让这辆车加塞。如果碰见一个非常蛮横的人硬要加塞，你再不刹车的话就会撞上前面的车，就只能停下来，但内心会有一些负面语言出现，也可能会使劲按喇叭表示自己的抗议。

这就是从感受到行为的一种比较正常的反应。由于这样的感受是负面感受，所以往往会导致一些非理性行为。这些非理性行为有时候会给我们带来麻烦。

在沟通过程中也一样，当你感知到对方有不好的情绪时，你的感受也会是愤怒。这样的感受导致的结果是你可能会和他争吵，陷入愤怒的情绪中。这样的沟通一定不会达到很好的效果。

下面我们来讨论一下情绪的整个发展过程是什么样的，以及它如何一步一步导致后面的行为结果。

为了让大家更清楚地理解，再举一个例子来说明。

如果有十个人分别在公众场合和你开玩笑，你的反应会一样吗？大部分人的回答应该是不一样。为什么反应会不一样呢？哪些人和你开玩笑你会很开心？哪些人和你开玩笑你会很愤怒？

关键点在于有些人和你开玩笑的时候，你知道你们关系非常好，他和你开玩笑完全是善意的，因此你会很开心，可能还会跟他开一个玩笑，或者是亲切地拍他一下，等等。

也有一些人在和你开玩笑的时候，你内心的判断是他故意当众羞辱你，想让你出丑，这时你的感受就是愤怒或者生气。所以，接下来你的行为就没有那么友好了，你可能会用一句同样力度的话讽刺他或者是通过一些其他方面的表现予以回击。

情绪影响行为的具体步骤是这样的：所见所闻——主观臆断——形成感受——展开行为。

这四步中，哪一步在影响我们的感受和行为方面起着最重要的作用呢？不难看出，就是"主观臆断"这一步。因为"所见所闻"是客观存在的，"形成感受"和"展开行为"必须有一定的基础，而"主观臆断"正是这个基础。

就像前面"开玩笑"的例子，"所见所闻"是有人和我们开玩笑。因为"主观臆断"的不同，我们认为有些人是善意的，所以形成的感受是正向的，是开心、是愉悦，展开的行为也是善意的，比如跟他开个玩笑或者拍他一下，大家都很开心。

如果我们认为有些人是恶意的，我们形成的感受就是愤怒，由此展开的行为必然具有攻击性。

再回想一下前面给大家举的开车加塞的例子。"所见所闻"是有人要加塞，而"主观臆断"是这种加塞的人是不讲公德、没有素质的人，所以形成的感受是愤怒，由此展开的行为必然是一些非理性的行为，比如不停地按喇叭、在心里诅咒他等。

如何通过正向意图假设的方式来改变"主观臆断"，让我们后面的行为相对理性一些呢？

我们是不是可以这样想：

他的车上有病人，他可能急着要送病人去急诊科；

他要送人去机场，眼看就赶不上飞机了；

他约了一个特别重要的客户，但是眼看就要迟到了；

他是一个新手，走错道了。

如果我们能用正向意图假设的方式来设想，接下来在"形成感受"这一步就会发生变化。我们的感受自然变为"同情"，觉得在这种情况下他确实是需要帮助的。由这个感受展开的行为就是"那我就让他一下吧，让他先走"。

这种方式同样适用于"路怒症"，大家可以试一下。

有人也许会问：我这不是傻吗？我这不是自己骗自己吗？

其实，我们也可用提升格局的心法来想一想这个问题。

采用正向意图假设的方式，最大的受益人是谁？其实是我们自己。因为任何人在生气或者愤怒的时候，都会处于一种不健康的状态。处于这种状态下的人体会分泌出很多种对身体不利的激素，而这些都要自己去承担。采用这样的方式，可以让我们不那么愤怒，身体也会减少分泌那些不好的激素。长此以往，对我们的身体健康有一定好处。

"所见所闻"这部分是我们永远都无法避免的，因为每天都会遇到各式各

感知力决定沟通成败
Perception Determines
Communication Success or failure

样的人以及各种各样的事情。大部分人和事都是正常的，但同时一定会有一些奇葩的人或者事出现。因此，问题的关键点在于"主观臆断"，即我们如何看待这样的人或者事。

对事物的不同看法，会让我们产生不同的感受以及不同的行为。如果我们能养成正向意图假设这个习惯，慢慢就会发现以后遇见任何事情，内心是平和的，不会轻易产生不好的情绪。这样坚持下去，带给自己的好处也是显而易见的。

史蒂芬·柯维先生在《高效能人士的七个习惯》里描述过关于他自己的一个故事。他把这个概念称作"思维转换"，和我介绍给大家的正向意图假设有着异曲同工之妙。他的故事是这样的。

某天早上，我（史蒂芬·柯维）坐在地铁上，车厢里面非常安静，乘客们都静静地坐着或者看报纸或者沉思或者小憩，眼前一幅平静安详的景象。

正在这时，上来一名男子与几个小孩子，小孩子的喧哗吵闹声破坏了安静的气氛。那名男子就坐在我的旁边，任凭他的孩子喧哗胡闹而无动于衷。看到这种情形，任谁也会生气的，都会在心里认为这真是一个不负责任、不讲公德的男人。所以，全车的人都十分不满。

最终我忍无可忍，对这个男人说："先生，这些是你的孩子吗？他们打扰了这么多乘客，你是不是应该管一管他们？"

那个男人抬起头用呆滞的目光看着我，如梦初醒般轻声地说道："是的，我想我应该管管他们。我们刚从医院回来，他们的母亲，也就是我的妻子，一小时前刚刚过世，我已经完全六神无主了，孩子们也不知道该如何是好。"

史蒂芬·柯维当时是这样形容自己的感觉的：

瞬间，我看此事的角度完全改变了。我的想法、感觉与行为也随之发生了变化，怒气全消，情不自禁为他感到难过，同情他，怜悯之情油然而生。希望自己当时可以这样说：哦，天哪，非常抱歉，您的夫人刚刚过世，太不幸了，那您有需要我帮忙的地方吗？

这个故事告诉我们，我们每天都会遇到各种各样的事情，关键是你内心如何看待这些事情。如果你看待它的方式是积极的，运用的是正向意图假设，那么你形成的感受和展开的行为就是积极的，具有友好性。

如果你看待它的方式是消极的，运用的是恶向意图假设，那么你形成的感受和展开的行为就是消极的，具有攻击性。

正如莎士比亚所说："世事本无两样，皆因思想使然。"

这句话所蕴含的道理和我们前面的描述高度一致。在沟通的过程中，我们要想控制自己的情绪，同样可以运用正向意图假设去看待坐在你对面的那个人。即使他产生了一些不好的情绪，对你表现出不尊重或者不礼貌，也请你用正向意图假设对他进行设想：他是否受了什么委屈？他最近是不是压力很大？他不是刻意针对我的吧？

运用正向意图假设能给我们带来正向的感受，而正向的感受必然会给我们带来正向的行为，有利于我们与他人之间更好的沟通，进而达到沟通目的。

综上所述，如果我们能够把提升格局和正向意图假设结合起来，在日常工作和生活中不断思考和应用，就会发现自己对情绪的控制能力越来越强，而且看待事物的层次越来越高，对事物的认知范围也越来越大，这样我们可以看到更多积极阳光的东西，就会使别人对我们的感知越来越好，更加喜欢和我们沟通及合作。

在这部分的最后，我把战国时期的传奇人物鬼谷子用来形容一个人能力和修养的一句话送给大家：遇横逆之来而不怒，遇变故之起而不惊，当非常之谤而不辩。大家细细品味，这句话是不是描述了情绪管控的最高境界？

三、给予积极的反馈

在沟通的过程中还有一个重要的技巧值得我们特别注意，就是给予反馈。

因为沟通是双向的，在听到对方的一些观点之后，我们除了要运用倾听的最高层次"我在听你想说的事"，以便听出对方真正的意思，还要不断地在沟通过程中给予对方反馈。

如何在给予对方反馈的同时，让对方更好地感知你呢？这就需要用到接下来我们将谈到的内容：给予积极的反馈。给予积极的反馈这部分内容，分两个层次为大家介绍。

第一个层次是从感知力的角度出发，让对方对我们有更好的感知，这时用到的方法叫作"否定之前先肯定"。采用这样的方法会让沟通对象认为我们始终是积极的、正向的，从而更愿意和我们沟通。

第二个层次与我们的沟通目的相关。在沟通的过程中，我们要通过反馈的方式改变对方的行为。反馈分为"正向反馈"和"纠错反馈"，当然它是积极正向的方式，不是单纯的表扬和批评。

（一）否定之前先肯定

要让沟通对象对我们有更好的感知，要学会否定之前先肯定。

这里举一个销售场景的例子。一位销售人员正在和客户沟通，结果客户对其产品或者服务有理解不正确的地方，这个时候销售人员有必要澄清一下关于产品的正确信息。

问题就出现了，他该如何否定客户的观点，再传达正确的信息呢？也就是说，在传达正确的信息时，要如何照顾客户的感受。首先注意不要轻易否定客户，因为任何人都不喜欢被否定，我们自己也一样。否定的话会让对方感受比较差。要想让客户喜欢你，对你有好的感受，愿意和你多说话，你的一言一行都要让客户感到非常舒服。

不轻易否定客户并不是肯定客户对产品或服务的错误理解，而是在他的言辞当中找到一些值得肯定的点，比如他的态度、感受等。举例来说，如果客户说："你们这个产品就是没有某某产品好。"这时你一定不可以直接说："你说得不对，我们的产品在各个方面都比那个产品好。"如果你是客户，听到一个销售人员这样否定你的观点，你会是什么感受呢？你内心的感受一定不好，对面前的销售人员也会感到不喜欢。毕竟任何人都不希望自己被否定。

这个时候你可以这样说："您对产品观察得非常仔细和认真。关于这两种产品的区别，我想为您介绍一下。"接下来，你就可以介绍自家产品的优点了。这样做会让客户觉得和你交流非常舒服，因为你先肯定了他认真的态度，所以接下来不管你说什么，他容易听进去。

如果客户说："你们的产品在某几个技术参数上似乎有点落后。"这个时候你一定不能直接对客户说："不是这样的，其实我们的产品在这几个技术参数上是很领先的。"你这样说会让客户感觉很没面子，所以前面一定要加一句："您真的是对这个行业的发展趋势非常了解，我想和您说一下，目前这几类产品在技术上的参数趋势是……"采用这样的方式，就会让客户感觉你是一个非常照顾他感受的销售人员，他会喜欢和你打交道，也愿意和你说话，从而给你们后面的沟通打下非常好的基础。

这就是"否定之前先肯定"。在其他沟通场景中也会用到这个技巧。因为沟通是双向的，对方也要说话，所以这个技巧其实和前面给大家介绍的"融洽氛围"是息息相关的。对这方面注意得越多，在沟通过程中的"融洽氛围"就保持得越好，就越有利于推进沟通过程。

由这一点展开，再给大家介绍进行积极反馈的时候要注意的事项，在沟通的过程中一定要控制住自己，尽量不要出现以下两种情况。

第一点是"占上风"。

大家是否有过这样的经历，当你说出一件事情的时候，身边会有一些人立刻说你这件事情其实不算什么，他们还经历过比你这件事更加夸张、更加过分的事情。

第二点是"我知道"。

"我知道"有的时候会阻碍对话的继续进行。比如你在和一个同事交流,你说:"6月24日在上海会有一个展会。"结果同事回答:"我知道。"

你会是什么样的感受呢?你一定会觉得对方是让你闭嘴。

前面给大家介绍的三点分别是"否定对方""占上风""我知道",这都是沟通过程中经常会表现出来的行为。其实这些行为都很正常,因为每个人都有证明自己价值的欲望。

不过在沟通的过程中,如果想让对方更好地感知你,更愿意和你交流,你就要时刻提醒自己不能出现这三种行为。

大家也许会说:我们知道了"否定之前先肯定",我们尽量避免"占上风",如果对方说的事情我们确实知道,这时该怎么办呢?

我给大家的建议是不要直接说"我知道",可以说点与这件事相关的,总之就是要让沟通对象觉得和你交流非常愉悦。

还用刚才那个例子,如果别人跟我们说这个消息,我们可以这样回复:"哦,是吗?我好像也听说了,您还有更具体的信息或者您自己有什么计划吗?"

试想一下,如果你是这位同事,你一定会感觉面前的这个人对自己说的事情很感兴趣,因而愿意多说一点,你们的沟通就会更加顺畅。

(二)正向反馈及纠错反馈

在沟通的过程中,反馈究竟起着什么样的作用呢?我们可以这样来理解反馈的作用,比如你希望通过一次沟通使对方在行为上有一些转变:

让下属开会不再迟到;

让孩子每天坚持跑步3公里;

让自己的另一半每天多陪自己散步半小时;

……

要想达到这些目的，可以运用反馈的方式。

为什么反馈可以带来行为的转变呢？因为任何人都会有一个类似于"行为模式库"的东西。无论是我们的下属、我们的孩子、我们的伴侣，包括我们自己在内，都有一个行为模式库。这个行为模式库中有一些好的行为和不好的行为，我们希望好的行为能够留在行为模式库里，希望能够持续并重复这些行为。

那么不好的行为呢？我们当然希望能够移出行为模式库，永远不要再出现。

行为模式库

好的行为（√）　好的行为（√）　不好的行为（×）

好的行为（√）　好的行为（√）　不好的行为（×）

好的行为（√）　好的行为（√）　不好的行为（×）

由此，反馈就分为两大类。

第一类是正向反馈。通过正向反馈，让好的行为、被鼓励的行为留在行为模式库中；同时让行为模式库以外的一些行为，只要是好的、希望能够持续重复的，都留在沟通对象的行为模式库中。

第二类是纠错反馈。通过纠错反馈，把行为模式库中不好的行为移除并不再出现。

这两种反馈就是希望沟通对象的行为模式库中都是好的行为，没有不好的行为。当然，这是一种理想状态，但我们可以一直朝这个方向努力。

这个时候大家也许会问：是不是只有做家长的对孩子，或者是做领导的对下属，才会用到正向反馈和纠错反馈呢？

当然不是，反馈和职位、家庭关系等是不相关的。任何两个人之间，无论关系好坏、职位高低，都可以用正向反馈或纠错反馈的方式来改变对方的行为。因此反馈技巧的学习对于任何一个人来讲都是非常有意义的,它能够给我们日常的沟通带来很大的帮助。

针对行为模式库,我给大家举个例子。

孩子的行为模式库中,会有一些好的行为和一些不好的行为。那么,行为模式库中有哪些好的行为呢?比如按时起床、按时睡觉、饭前便后洗手、见到长辈主动打招呼等,这些都是好的行为。这些行为也许有些已经在孩子的行为模式库中了,也许有些不在,而正向反馈就是希望这些好的行为能够一直留在孩子的行为模式库中,成为他的日常习惯,这些行为对孩子一定会有帮助。

哪些又是不好的行为呢?比如不按时睡觉、见到长辈不主动打招呼、饭前便后不洗手、每天要玩三个小时手机等。我们都清楚,这些行为对孩子的健康成长是极为不利的。因此,我们要通过纠错反馈,把这些行为从孩子的行为模式库中移除。

无论是正向反馈还是纠错反馈,都一定要针对行为展开,否则不会是真正高质量的反馈。

比如,我们有时候看到孩子的一个好行为,可能张口就会说:"宝贝儿,你真棒!"

请问"你真棒"是一个很好的反馈吗?我认为不是。如果我是孩子,会有种感觉就是似乎在表扬我,但是我究竟怎么棒、具体哪个行为棒,好像不是那么清楚。由此可见,这种没有针对行为的反馈,是很难达到预期效果的。

纠错反馈也一样。纠错反馈如果不是针对行为展开,效果会更差。我再强调一遍,纠错反馈绝对不是批评,批评是不具有建设性的,它只是你发泄情绪的一种方式。但是纠错反馈是具有建设性的,它能让对方的行为发生改变,把不好的行为从行为模式库中移除。因此纠错反馈就更要针对行为展开。

有几个词我们一定要注意,千万不要用于纠错反馈。它们是:"我感觉""我认为""你总是"等等。在日常生活中,我们可能经常会说这样的话:

"我感觉你能力不行。"

"我认为你就是一个不负责任的人。"

"你总是不能按时完成任务。"

如果你是反馈接收者,你会是什么样的感受呢?你会不会只想反驳:

"你凭什么说我能力不行?"

"你凭什么说我不负责任?"

"你凭什么说我总是不按时完成任务?"

由此可见,没有针对行为的反馈都是低质量的反馈。这样的反馈根本达不到预期效果,反而会使对方感受很差,从而给沟通带来很大的麻烦。因此在沟通的过程中,要想给出对方高质量的反馈,首先要记住一点:针对行为给出反馈。

下面我们就如何进行正向反馈和纠错反馈分别做介绍。

1. 正向反馈

正向反馈分为以下四步:

第一步,表达你的赞扬和感谢。

第二步,描述你观察到的具体行为。

第三步,讲述这个具体行为带来的积极结果和影响。

第四步,肯定其背后的特质或能力。

为什么要把正向反馈分为这四步呢?前面给大家介绍了反馈最重要的目的是希望对方能够重复这个行为,并且把它留在行为模式库中。所以在这里,重复就很重要。

举一个日常生活中的简单例子,大家感受一下用这样的方式给予反馈和以往用其他方式给予反馈的区别在哪里。

假如你的孩子今年五岁了,非常乖,也很爱你。今天你下班回家之后,孩子特别贴心地主动给你倒了一杯水送过来。

按照以往的反馈方式,你会怎么说呢?大部分人可能会说:

"哇,谢谢宝贝儿,你真乖,知道心疼妈妈了。"

有些家长可能说得更简单：

"你真棒啊，谢谢。"

如果用把反馈分成四步的方式，该怎么说呢？是不是可以这么说：

第一步，表达你的赞扬和感谢："谢谢你，宝贝儿。"

第二步，描述你具体观察到的行为："妈妈下班回来，你给妈妈倒了一杯水送了过来。"

第三步，讲述这个行为带来的积极结果和影响："妈妈内心感觉特别的温暖，感觉到你特别爱妈妈。"

第四步，肯定其背后的特质和能力："这说明宝贝儿真的是一个特别有爱心、特别懂得心疼大人的孩子。"

用上述两种不同的方式给予反馈，你觉得哪一种让孩子重复这样行为的可能性会更大呢？显然是后者。这就是正向反馈带给我们的帮助。

再举一个工作中的例子。假如你是一个销售经理，今天和你的下属罗宾去拜访一个重要客户。这个客户非常挑剔，他一会儿抱怨公司的项目报价太高，一会又说你们配合不积极。罗宾又是解释又是说明，对方还是不停地抱怨，甚至罗宾多说两句，对方就会显得很不耐烦。尽管客户的负面情绪如此严重，罗宾依然冷静，为客户进行了专业的解释，最后客户对罗宾也比较满意了。这时，你该怎样给罗宾一个积极正面的反馈呢？

试想，如果不用将正向反馈分四步的方式，可能会说一句："你今天表现真不错啊！"下属听到后就会想：我究竟哪里表现不错呢？很显然，他希望能得到一个更加明确的反馈。所以，可以这样说：

第一步，表达你的赞扬和感谢："罗宾，你今天在拜访这个重要客户的时候，表现得非常出色。"

第二步，描述你观察到的具体行为："我观察到这个客户非常挑剔，而且有时候会不耐烦，不过你一直保持着非常冷静的态度，而且非常专业地给他进行了关于产品的各种解释。"

第三步，讲述这种行为带来的积极结果和影响："这样，客户对我们的满意度很高，就会给我们以后与这个客户更好的合作带来非常积极的影响。"

第四步，肯定其背后的特质和能力："这说明你的情绪控制能力非常强，并且非常专业，继续加油哦！"

如果你是罗宾的话，听到这两种不同的反馈，你会感觉更好并且能够让你重复这样行为的可能性更大的是哪一种呢？

为了让大家养成正向反馈的习惯，我们可以通过下面两个案例来练习一下。

案例一 假如你是一位研发部的经理，目前下属人手不够。你所在的是一个变化迅速的行业，所以经常要面对一些紧急的客户需求。上个星期，小周请了一个星期的病假，而之前也有位同事休产假了，所以部门的人手越发紧缺了。

前两天，你接到一个紧急的任务。以前任务的方案设计由小周负责，现在面对这样的情况，真不知道该怎么处理。这时候，小丁主动提出愿意接受这个任务，以前小丁都是配合小周完成一些方案设计的工作，但因为这次情况紧急，你决定让小丁试一下。最后，小丁给出的方案，得到了大家的一致认可。

请你给小丁一次正向反馈。

第一步：表达你的赞扬和感谢。

_____

_____

第二步：描述你观察到的具体行为。

_____

_____

第三步：讲述这个具体行为带来的积极结果和影响。

_____

_____

第四步：肯定其背后的特质或能力。
_____
_____

案例二 假如你的儿子叫小卓，今年上三年级。我们都知道，现在的孩子都不太干家务活。今天放学回来后，小卓的老师要求他们每天回家干一样家务活，他在回家的路上想好了，今天要把家里所有的桌子擦一遍。到家后，小卓开始打水洗抹布，然后认真地把家里的桌子都擦了一遍，而且擦得很干净。

请你给小卓一次正向反馈。

第一步：表达你的赞扬和感谢。
_____
_____

第二步：描述你观察到的具体行为。
_____
_____

第三步：讲述这个具体行为带来的积极结果和影响。
_____
_____

第四步：肯定其背后的特质或能力。
_____
_____

2. 纠错反馈

介绍完正向反馈的四步之后，接下来给大家介绍具有挑战性的纠错反馈。毕竟，正向反馈是一个让人愉悦的反馈，所以相对来讲比较容易表达出来，即使技巧上差一点点，对人的情绪等方面影响也不大，因为大家听完反馈都是开心愉悦的。但是纠错反馈就不一样了，它是针对对方需要改进的行为进行的，也就是前面我给大家介绍的，针对要移出行为模式库的行为进行反馈。如果纠错反馈技巧差一点或者不太关注对方的感受，可能就会给你们沟通过程中的融洽氛围带来不好的影响，这样不但达不到纠错反馈的效果，反而会影响到你们之间的关系。所以，把握纠错反馈的环境以及步骤非常重要。

关于纠错反馈的环境问题，有以下三点要注意。

第一点：正向积极、态度真诚。

我想再次请大家注意，纠错反馈绝对不等于批评。

批评会给对方带来更多负面情绪。而纠错反馈是积极正向的，它希望通过这种反馈来改变对方的行为，从而影响结果。因此，在反馈时要注意语音语调与肢体语言，在前面已经给大家介绍过这部分内容，这部分内容占到沟通的93%。让反馈接收者感受到你的积极与真诚是纠错反馈的基础。

第二点：注意环境。

为什么环境也很重要呢？大家觉得纠错反馈与正向反馈在环境上有什么不一样呢？

这本书的名字叫作《感知力决定沟通成败》，我们反复强调的也是沟通过程中沟通对象对你的感知。大家思考一下，如果在同样的环境下进行纠错反馈与正向反馈，反馈接收者对你的感知相同吗？

比如我们在公众场合对对方进行纠错反馈或者正向反馈，正向反馈肯定会使对方感觉很好。他会觉得很有面子、很开心，自然也就有正向积极的感受。这样对你们之间融洽氛围的保持会有很大的好处，可以让你们开心愉快地沟通下去。

设想一下，在公众场合对一个人进行纠错反馈，会给他带来什么样的感受呢？

他可能会对你形成这样的感知：这个人是不是就想故意羞辱我？他根本

不尊重我，毫不顾及我的面子。这样，他对你的感知就是负面的，因为他的感受非常差，而你们之间的沟通融洽氛围自然荡然无存。

我们也经常见到这样的场景，给对方纠错反馈不注意环境问题而导致失败。本来对方的确有一些行为需要改进，但你在大庭广众之下给他纠错反馈，他自然也不会给你面子，更不会关注你的感受，于是当众争吵，最后闹得不欢而散，还给你们两个人的关系泼了凉水，让你们很久都缓和不过来。

其实原因非常简单，就是你完全没有关注他的感受。这个时候，即使你再注意语言语调和肢体语言，也依然会有很大的风险。因为对方要保全自己的面子，所以你很难达到纠错反馈的目的。因此，我们一定要意识到纠错反馈对于环境的要求。

给别人纠错反馈，尽量选择只有你们两个人的时候，即避免有第三个人在场。如果对方觉得你是一个尊重他的人，他自然愿意跟你沟通，也愿意向你敞开心扉，融洽氛围就会容易保持，沟通目的也会更容易达到。

因此在环境方面请大家注意：纠错反馈，一定要在相对私密的环境下进行；而正向反馈，人越多的环境越好。

第三点：及时。

反馈为什么要及时呢？主要有两个原因。

第一个原因，要纠正的行为已经或多或少给你的工作或者生活带来了一些不好的影响，因此及时对这些行为进行纠正，可以更早地减少不好的影响，及时止损。

第二个原因，从人的感知角度出发，如果你看到对方有不好的行为，但是你没有及时给对方纠错，而是把所有的问题记录下来，最后合在一起跟他"算账"。这会出现什么问题呢？

我们一起设想这样一个场景：在工作中，你的领导平常发现你有任何问题都不告诉你，而是默默记在一个小本子上，到年底进行绩效评估的时候，才把这个小本子拿出来，给你一条一条地清算，请问你对这个领导的感知会是怎样的呢？

你一定会觉得这个领导实在是太阴险、狡诈、可怕。你绝对不能跟着这样的人工作，因为这太恐怖了。因此，当看到对方出现一些不好的行为时，我们应及时地运用纠错反馈，这样就不会让别人产生"秋后算账"的感觉，如果对方对你的感知是正向的、积极的，自然就愿意和你多交流沟通。

了解了纠错反馈要注意的环境要点之后，接下来我给大家介绍纠错反馈的四个步骤：

第一步，描述具体行为及客观事实。

第二步，描述该行为对组织或其他人的影响。

第三步，讨论想要达成的目标与结果。

第四步，征求建议及解决方案。

第一步，描述具体行为及客观事实。

这点我们在前面已经讨论过，要注意反馈一定是针对行为的。因为只有你清楚客观地描述出观察到的行为，才会更容易使对方认可。毕竟这是我们客观观察到的事实，而不是主观的感觉或感受。前面也给大家介绍过，一些像"我感觉""我认为"等这类主观感受强烈的词语一定要避免使用。

第二步，描述该行为对组织或其他人的影响。

为什么要描述影响呢？因为仅仅描述客观事实行为给对方思想上的影响力度是不够的，而一旦描述出对组织或他人的影响，就会让对方再一次感受到自己的行为会带来这样的结果。否则，他可能意识不到这个结果。

第三步，讨论想要达成的目标与结果。

到这一步，我们就要特别注意了。因为从这一步开始，我们绝对不可以再采取只自己说的方式，而是要通过向对方提问题的方式来呈现自己的想法。为什么呢？我们都有过这样的体会，当我们的领导、父母在和我们说一些事情的时候，他们总是在不停地说，而你好像什么都听不进去。

大家一定听过"唠唠叨叨"这个词，它会让我们想起《西游记》里的唐僧。这种唐僧似的唠叨有什么特点呢？就是不停地说。对面的人早已失去了听你说这些事情的兴趣，完全就是左耳朵进、右耳朵出。因为这时你已经进入唐僧式的唠叨状态，发出的完全不是有效的声音。

在纠错反馈的过程中，第三步和第四步都要通过提问题的方式来呈现。因为只有这样才会真正让对方的大脑运转起来，进而开始思考自己是不是真的有这方面的问题、需要做出哪些改变。所以，第三步就是要让对方有自我觉察力，通过自己的思考找出问题所在。

第四步，征求建议及解决方案。

第四步同样要用提问题的方式来呈现，而不是进行唐僧似的唠叨。因为唠叨对对方来讲就是无效的声音。他可能表面上会说："嗯，好。"实际上根本没有听进去。试想一下，用这样的方式对对方进行灌输，对方改变其行为的可能性有多大呢？肯定不大。相信有孩子的读者基本上有过这样的体会，你跟孩子唠叨半天，迫于你的压力，孩子在语言上答应了，但是在行为上的改变程度又如何呢？

因此，第四步同样要通过提问题的方式，让对方的大脑快速转起来，思考自己接下来该如何展开具体行动；他在行为上要有什么样的改变都是他自己想出来的，而不是你灌输给他的，这样一来，他就能自己想出解决方案，让他自己负有责任感。

因此，纠错反馈的第三步和第四步是非常需要技巧的。问题提得好，可以让对方很好地进行思考，也可想出下一步的具体行动方案。

下面给大家举一个例子。比如你的一位同事小李，最近两次开会都迟到了。就该行为，你想给他一次纠错反馈。具体可以这样来展开。

第一步，描述具体行为及客观事实。

"小李，最近我们两次开会，我发现你都迟到了，第一次迟到了 15 分钟，第二次迟到了 20 分钟。"

这是客观事实，所有人都看到了，他自己也很清楚。当然，我们只是描述客观事实，千万不能说"你总是迟到"这类话。

第二步，描述该行为对组织或其他人的影响。

"你的迟到,给我们整个会议日程的顺利结束以及会议结果都带来了不好的影响,也给其他同事的工作带来了影响。"

通过描述对团队及同事不好的影响,进一步加强反馈接收者对该行为严重性的认识。

第三步,讨论想要达成的目标和结果。

大家注意,这里我们要开始提问题了,而不是唐僧式的唠叨。

唐僧式的唠叨是这样的:"你一定不能迟到啊,你看你迟到对大家的影响多大,所以说下次开会你一定不要再迟到了。"

这样的唠叨,听后感受如何呢?肯定不好。这个问题该怎么提呢?我们可以这么问小李:"你觉得我们参加公司会议在行为上有什么标准呢?"

如果你是小李,听到这个问题之后,在整个沟通氛围都比较轻松且你愿意敞开心扉的情况下,你会怎么说呢?

你是不是会说:"我觉得首先是要准时,其次是在整个会议中要全情投入,不要开小差。还要做好会议记录,以便执行我们会议上达成的一些共同的计划。"

这就是用提问题的方式,让对方有自我觉察力。他经过思考,在描述这些标准的同时,会很清楚自己在哪些方面做得不妥。

第四步,征求建议及解决方案。

这时你可以接着问:"小李,你说得非常对,下次我们再开会,你认为你的做法和前两次会有什么不一样吗?"

如果你是小李,应该会说:"首先我要做到不迟到,因为迟到确实给整个会议和我们团队带来了一些不好的影响。"

大家看看,这可完全是他自己想出来的解决方案,而不是你告诉他的。

区别在哪里?你告诉他的,唐僧式唠叨的解决方案,他听完执行的可能性会比较小。而他自己想出来的方案,相对来讲执行的可能性会大很多。因此,第四步的问题只要提得好,就可以让沟通对象自觉产生责任感。而责任感是让一个人的行为发生改变最重要的原因,它是一种发自内心的内驱力。

感知力决定沟通成败
Perception Determines
Communication Success or failure

如果一个人没有内驱力与责任感,都是别人告诉他要怎样做,那么他行为改变的可能性会比较小;或者是前面一两次有一些改变,但是后面很快就会回去,没有本质变化。

总结一下,纠错反馈的第三步和第四步与辅导的基本技巧有相关联之处。尽管这本书不会展开关于辅导的问题,但是辅导的过程也是沟通的过程。这里有两个很重要的原则给大家介绍一下。

辅导的核心就是通过提问题,让对方产生自我觉察力以及责任感。

其实,纠错反馈就是辅导的一种方式,因为它们本质上都是沟通。纠错反馈第三步的问题就是让对方有自我觉察力,知道自己哪些行为有什么样的问题;第四步的问题就是让对方有责任感。解决方案是对方自己想出来的,不是你告诉他的,他就会有更多的自我要求,并且愿意去执行。

通过纠错反馈的四步,对方将这个行为从行为模式库中移除的可能性会大很多。

为了让大家在纠错反馈方面能够有更多的感受和提升,我们再通过两个案例来练习一下。

案例一 假如李成是你的下属,他很聪明,也很有创意。今天,你和他一起拜访新客户,发现他在给对方介绍产品时,没有完全按照产品说明书里的内容进行,反而说了很多自己认为的产品利益,但是这些产品利益并不能完全实现。你觉得这样会让客户对产品产生认知偏差,而且会让客户有不切实际的期望值。

因此,你决定在拜访结束后给他一次纠错反馈。

第一步:描述具体行为及客观事实。

_____

_____

第二步:描述该行为对组织或其他人的影响。

_____

第三步：讨论想要达成的目标与结果。
_____
_____

第四步：征求建议及解决方案。
_____
_____

案例二 王晓是名牌大学的硕士毕业生，今年初刚进入你的部门工作，他的专业知识很丰富，工作能力很强，但是工作不细致，经常出小错。最近，你连续几次发现他的数据报告出现了错误，这对你和客户下周的会议将有直接的影响，你需要跟他谈谈并希望他能在工作不够细致方面有所改进。

第一步：描述具体行为及客观事实。
_____
_____

第二步：描述该行为对组织或其他人的影响。
_____
_____

第三步：讨论想要达成的目标与结果。
_____
_____

第四步：征求建议及解决方案。
_____
_____

案例一　参考答案

第一步：描述具体行为及客观事实。

"李成，在刚才拜访新客户过程中，我发现你做产品介绍的时候没有按照说明书进行，而是增加了一些你自己认为的产品利益。"

第二步：描述该行为对组织或其他人的影响。

"这样会给客户理解我们的产品带来一些风险，会增加他们对产品的期望值。一旦我们达不到他们的期望，就会影响我们之后的合作。"

第三步：讨论想要达成的目标与结果。

"你觉得给客户介绍产品有哪些我们需要注意的标准呢？"

第四步：征求建议及解决方案。

"接下来你再次介绍产品的时候会怎样做呢？"

案例二　参考答案

第一步：描述具体行为及客观事实。

"王晓，我发现最近两次你交给我的数据报告中都出现了错误，这一份有两处，那一份有三处，我都用红笔标记出来了，你看一下。"

第二步：描述该行为对组织或其他人的影响。

"这些错误会影响我们整体报告的准确度，而这个报告是下周和重要客户开会要到的，这会对我们公司的整体形象造成影响。"

第三步：讨论想要达成的目标与结果。

"你觉得一份出色的报告有哪些要求呢？"

第四步：征求建议及解决方案。

"下次再提交报告的时候你会注意哪些事项呢？"

（三）三明治式的反馈

在了解了正向反馈和纠错反馈的具体步骤之后，我还要给大家介绍另外一个概念——三明治式的反馈。

什么叫三明治式的反馈呢？三明治是两块面包夹一块肉，如图4-1所示。这种反馈就像三明治，可以用两个正向反馈夹一个纠错反馈。其作用首先就是能让反馈接收者更好地接受。

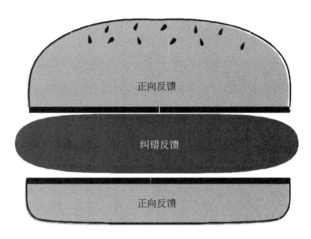

图4-1　三明治式的反馈

我们先给对方一个正向反馈，肯定他的某个行为，然后结合一个纠错反馈，最后用一个正向反馈或者是鼓励的话结束。其目的主要是让反馈接收者有更好的感受，这样也有利于沟通融洽氛围的保持。当然，是否使用这种三明治式的反馈方式，还要根据实际场景决定。

面对不同的反馈接收者，使用的反馈方式有所不同。有些人可以在肯定一个行为的同时，再提出一个纠错性的反馈。当然，也有些人可以非常清楚、明白地用纠错反馈的方式直接给他反馈，以纠正他的行为。

有一点大家要注意，即使使用三明治式的反馈，我们也要尽量按四步法来说完。尤其是第一个正向反馈的四步和接下来纠错反馈的四步都要说完整。至于最下面那一层三明治式的正向反馈，可以根据实际情况进行，有的时候说一些鼓励对方的话也可以，只要能达到鼓励对方的目的就好。

我们设想这样一个场景来感受一下三明治式的反馈。

假如你的孩子今年五岁，非常乖，也很爱你。你今天下班回来之后，孩

感知力决定沟通成败
Perception Determines
Communication Success or failure

子特别贴心地主动给你倒了一杯水送了过来。

看到这里是不是有点熟悉？没错，就是刚才我们用于正向反馈的那个例子，不过增加了一个情节。

孩子在走过来时，因为没拿稳，一不小心把杯子掉到地上摔碎了，还好没有受伤。

现在请你用三明治式的反馈就孩子的这两个行为进行反馈。

大家可以在脑海里考虑一下如何对孩子的两个行为进行三明治式的反馈，这里提醒大家一点：注意正向反馈和纠错反馈之间的那个关联词要用"同时"，千万不要用"但是"，否则带给反馈接收者的感受就是前面那个正向反馈只是铺垫，后面这个才是重点。

在"正向积极的反馈"这一部分的最后，我想再给大家强调一点：这一部分教给大家的都是具体的招式。既然是招式，就需要我们认真努力地训练。要知道，任何能力的提升都要依靠认真的训练。当然，在完全熟练掌握这些招式的基础上，你还可以有一些自由的发挥。在刚开始运用这些招式的时候，可能会觉得有一点死板，这是必经的一个过程。我想告诉大家的是，要想克服死板问题，必须在心里面把这些招式练得信手拈来，在你真正应用的时候才可以做到自然。大家都知道在沟通的过程中，自然是非常重要的。要做到自然，首先要有这些招式的基础，在这个基础上练习，把它融入自然的动作中，形成肌肉记忆，最终会达到自然的效果。

这没有捷径。要想成为一个能够很自然地给出反馈的高手，就从一点一滴的练习开始吧。

（四）同步与配合对方

在沟通的过程中，要想时刻被对方很好地感知，还有一点非常重要，就是能够同步与配合对方。在前面肢体语言部分给大家介绍了一些同步与引导的概念，这部分主要从配合沟通对象方面展开介绍。

什么叫同步与配合对方呢？

我们可以设想这样一个场景：沟通对象是一个相对比较慢热、说话速度比较慢的人，而你的语速超快，叽叽喳喳说个不停，那沟通对象会有什么样的感受？

他会感觉你不是他喜欢的类型，跟他一点也不搭，因为你不考虑他喜欢和什么样的人交流，所以沟通对象就不太愿意和你继续交流，因为他对你的感知实在是不好。

作为沟通过程的参与者，我们要秉着这样一个原则，就是从对方的角度出发，用适合对方风格的方式展开交流与沟通。

著名的演讲与沟通大师卡耐基曾经说过一句话："每个人都有他独特的地方，而与人沟通则要求他与别人一致。"

沟通就是同步与配合对方，这样才是有效的沟通。

另外，从沟通对象的感受方面来说，沟通对象也会更加喜欢你。比如刚才那个例子，如果对方是一个语速比较慢的人，你就应该适当放慢语速让对方感觉你和他的频率一致。同样的道理，如果对方是一个性子比较急的人，语速也比较快，你就应该适当加快语速去配合他的节奏。这样，沟通对象会觉得你和他的频率一致，无形中增加了对你的好感，从而愿意和你多交流。

大家是否还有过这样的感受：在你和别人交流的过程中，如果你用了一个比较特殊的用语，可能是一个专业用语或是一个俗语等，而沟通对象很快运用了同样的语言，你是否会对他产生一种莫名的亲切感，从而愿意跟他多交流呢？

同样的，我们在与沟通对象交流的过程中，对方也会喜欢能够适时重复他们用语的人。

所以，你可以适当留心对方之前用了哪些俗语或者哪些特殊用语，而你在接下来组织语言的过程中，也应用这些语言与他沟通，这样他就会愿意和你多交流。

这就是语言运用方面的要点。这方面的细节很多，比如我们现在经常用微信或QQ沟通，那么什么时候会选择给对方发语音？什么时候会选择发

感知力决定沟通成败
Perception Determines
Communication Success or failure

文字？

这个问题大家注意过吗？其实最简单的原则还是同步与配合对方。当对方给你发语音的时候，除非你不方便说话，否则也应该回复语音；当对方给你发文字的时候，你最好也给他发文字。这就是同步与配合对方，尽量选择对方最能感知到你的方式。

我身边有一个物业经理，他很有意思。他发起沟通的时候，刚开始是发文字，我就发文字回复他，接着他又发来一句语音，而我给他回复语音的时候，他又回复的是文字。每次和他沟通都感觉特别别扭，时间一长就影响了他在我心中的形象。

除以上两点外，在沟通的过程中，我们的面部表情也要同步与配合沟通对象。我通常会问大家一个问题：在与沟通对象交流的时候，什么样的面部表情是比较合适的呢？

大家通常会回答：保持微笑。

紧接着我会问第二个问题：当对方向你描述他的痛苦时，你还会保持微笑吗？很明显，我们的面部表情应当配合当时的实际场景。如果沟通对象向我们讲述他遇到的痛苦或者工作中的痛点时，我们应当表现出紧皱眉头、咬着嘴唇等面部表情，仿佛我们也在同时体会着对方的痛苦。

当沟通对象向我们描述一些欢乐的事情时，我们应当表现出的是眼睛闪着光芒，同时流露出开心的微笑，让对方感受到你也在同时体会着他的欢乐。

还有一些肢体语言方面的同步，比如跟随对方转换坐姿、复制对方的肢体动作等。在前面肢体语言部分已经给大家做过介绍，这里不再赘述。

以上包括语速、语言组织、面部表情、肢体语言的四个要点，就是同步与配合对方的方法。在沟通的过程中，我们还可以通过别的方式同步与配合对方，目的就是给对方一个非常强烈的心理暗示：对面与我沟通的人非常理解我，懂得我内心的感受，我愿意和这样的人多交流、多沟通。这就是同步与配合对方能带给我们的帮助，它会让沟通对象更好地感知我们，帮助我们达到沟通目的。

第五单元
感知力沟通后的反思

Perception Determines
Communication Success or failure

到这里，我们已经了解了感知力沟通的关键要素，学习了沟通前、沟通中要注意的事项，并且进行了相应的练习。接下来我要给大家谈另外一个重要的问题，就是感知力沟通后的反思。

这一单元主要从反思的作用、如何进行有效反思以及感知力沟通的深层次反思三个方面来展开。这部分内容会触及我们思想深处的一些思考，它会指引我们不仅从前面介绍的技巧相关方面进行反思，还会从更深的层次进行思考。

相信通过对这部分内容的学习，一定会给我们带来一些深层次的启发。

一、反思的作用

在谈反思的作用之前，首先给大家介绍一个心理学上的概念：邓宁-克鲁格心理效应。

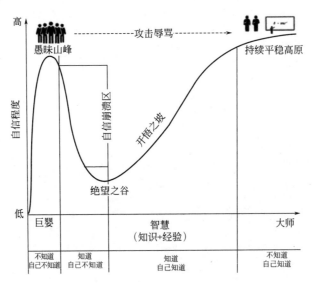

图5-1　邓宁-克鲁格心理效应

从图中可以看到，当一个人不知道自己不知道的时候，也就是一个人完全不自知的时候，自信心是最高的，即处于"愚昧山峰"。

当开始知道自己不知道的时候，自信心最低，会堕入"绝望之谷"。

随着知识和经验的增加，也就是知道自己知道哪些、不知道哪些的时候，自信心会慢慢升高，自我认知也在不断提升，就到达了"开悟之坡"。

最后，一个人对于自己知道哪些都不知道的时候，就仿佛到了练武的最高境界，这个阶段叫作大师的平稳高原，相应来讲，自信心达到了比较高的境界。

有意思的是，处于"愚昧山峰"的人还经常攻击辱骂达到最高境界的大师。

这个效应来自一个实验，而这个实验来自一个非常荒谬的真实事件。

1995年的一天，一个大块头的中年男人在光天化日之下抢劫了匹兹堡的两家银行。他没有戴面具或做任何伪装，甚至在走出银行之前，还对着监控摄像头微笑。这个男人就是麦克阿瑟·惠勒。晚些时候，当警方给被捕的麦克阿瑟·惠勒看当天的监控录像时，他难以置信地说："可我当时涂了柠檬汁。"原来，惠勒认为把柠檬汁涂在皮肤上会使他隐形，这样摄像机就拍不到他。柠檬汁可以被用作隐形墨水，用柠檬汁写下的字迹只有在接触热源的时候才会显形。惠勒觉得，只要不靠近热源，自己就应该是完全隐形的。

最后警方经过调查认为，惠勒既没有疯，也没有吃药，他只是"搞错了"柠檬汁隐形的用法罢了。这个荒谬的事件引起了康奈尔大学心理学家大卫·邓宁（David Dunning）的注意，于是与研究生贾斯廷·克鲁格（Justin Kruger）一起研究了这一现象。具体的研究方法就不给大家介绍了，这里只说下最后得出的结论：

能力欠缺的人通常会高估自己的技能水平；

能力欠缺的人不能正确认识到其他真正有此技能的人的水平；

能力欠缺的人无法认知且正视自身的不足，以及自身不足之极端程度；

感知力决定沟通成败
Perception Determines
Communication Success or failure

能力欠缺的人如果能够经过恰当训练，大幅度提高技能水平，他们最终会认知到且承认他们之前的无能程度。

由此可见，能力欠缺的人在欠考虑的情况下所做的决定几乎都是错误的，他们无法正确认识自身的不足，也无法辨别错误行为，这是一种认知偏差现象。这些能力欠缺的人总是沉浸在自我营造的虚幻优势中，常常高估自己的技能水平，却无法客观评价他人的能力。这种现象称为"邓宁-克鲁格效应"。

邓宁将这种效应归纳为：如果你没有能力，就不会知道自己没有能力。换言之，能力越差的人，越容易因欠缺自知之明而自我膨胀。

由这个现象可以得出结论：每个人都需要反思，而且需要随时随地进行反思。反思也有一个前提条件，就是一个人对自己是有进步要求的。如果没有进步要求的话，就无须反思了。

反思是一个痛苦的过程，需要极度透明的自我审查和谦虚的心态。做到这一切的前提，就是我们要追求进步。就像邓宁-克鲁格效应的"绝望之谷"一样，处于这个时期的我们一定是痛苦的，因为我们发现自己非常无知。我们必须经过这个痛苦的过程，只有这样才能获得质变和提升。

以前人们都说"谦虚使人进步，骄傲使人落后"，这句话在这里却演变为"进步使人虚心，落后使人骄傲"。也就是说，越进步的人越虚心，越落后的人越骄傲。能力越低、越是没有合理判断自己水平的人，越不知道自己的水平处在什么位置，反而越会夸大自己的真实能力，把自己的定位拉到很高的水平。这种大胆而不自知的偏差会导致一个人做出很多与自己真实水平不相对应的行为，其后果不堪设想。达尔文曾说过："无知要比博学更容易产生自信。"《论语》里讲道："知之为知之，不知为不知，是知也。"

事实确实如此，毕竟大部分人不知道自己不知道，而知道自己知道或者不知道，并且愿意承认的才是明智之人。

二、如何进行有效反思

在了解了反思的重要性之后,接下来要了解如何进行有效反思。前面我们提到了反思的目的是进步,而进步的前提是要有明确的自我觉察力,就是要知道自己某方面能力不够。如何知道自己哪方面的能力需要加强,又该如何加强呢?

下面给大家介绍一种有效反思的方法,就是"一个中心,两个基本点"。

一个中心:就是以增强自我觉察力为中心,指的是思考的方式。

两个基本点:就是围绕着知识和技能这两个基本点进行思考。

我们先来谈"两个基本点"。为什么要先谈"两个基本点"呢?相信大家都有这样的体会:在做任何事情的时候,都要先规划出一条路径,反思也不例外。就像从"绝望之谷"沿着"开悟之坡"向上攀登,我们要知道该如何攀登、具体的路径该怎么走;就像沿着地图上的路线走,我们要知道如何一步一步向目的地进发,更要知道没有地图指导的话可能会失去方向,也就无法到达目的地。因此,这两个基本点就是具体的知识和技能,在向目的地进发的时候,我们要知道具体有哪些知识和技能是需要掌握的。

我们先来看知识方面。知识是进步的基础,因此知识储备非常重要。如何增加知识储备呢?我的建议是把知识分成几个层次进行储备。

第一个层次是和自己的专业方向息息相关的。这一层次的知识储备一定是越多越好,越细致越好。因为这些知识和专业方向直接相关,是必须掌握的,掌握程度要深且精。要想掌握这些知识,首要的方式就是阅读与努力学习。学习这一层次知识所花费的精力与时间应该是最多的。

第二个层次是与自己的专业方向间接相关的。这一层次的知识可能和我们目前从事的工作有相关性,只是没有第一个层次那么强,比如行业发展趋势、行业背景等。这一层次的知识储备要求是广泛,但是不一定那么深。获取这一层次的知识可以借助互联网实现。学习这一层次知识花费的时间会少于第一个层次。

第三个层次是与自己兴趣相关的。这一层次的知识可能与我们的专业方向根本没有关系，但是我们有着非常强烈的兴趣。这一层次的知识同样是不可或缺的，因为每个人都有自己感兴趣的方面。比如某项运动、旅游、航空知识、军事、园艺、烹饪等，这里不一一列举。这一层次的知识相信大家一定会主动去获取，具体方式看大家自己的意愿了。我只是建议大家把握好时间分配。

我们再来看技能方面。技能是指按照一定的方式反复练习或模仿而形成的熟练动作。技能与知识有着非常密切的联系，知识的多少可以决定技能掌握的快慢及深浅，技能的掌握又可以反过来影响知识的学习。同时，知识与技能有一些明显的区别，如来源不同。知识可以从书本上获得，前面给大家介绍了几个层次的知识储备，大家可以通过阅读、互联网等方式获取知识；而技能是一定要通过实践和反复练习才能获得的。

以"感知力"为例，感知的定义、同理心、"55387"原则、反馈的步骤等都属于知识；但是能够熟练地运用同理心进行沟通，运用正向反馈或者纠错反馈的步骤进行反馈就属于技能，因为这些需要我们在掌握知识的基础上反复练习。

由此可见，知识与技能这两个基本点是分不开的，它们构成我们在反思时的路径。我们在做任何事情的时候或者想要在某一方面提升自己的能力的时候，都要围绕这两个基本点展开，即做好知识与技能的梳理。

接下来我们谈"一个中心"。"一个中心"就是以增强自我觉察力为中心的思考。这种思考方式可以围绕两个基本点的路径展开。无论是知识还是技能，都可以用这种思考方式。

在知识方面，在思考中反思：哪些知识是我们必须具备的第一个层次的知识；哪些知识是第二个层次的知识；这些不同层次的知识，我们掌握的程度如何；我们打算怎么加强。

在技能方面，在思考中反思：哪些技能我们已经认识到并且有了一些行为上的改变；哪些技能我们认识到了但没有行为上的改变；哪些技能我们可能还没有认识到。

这是一种思考的习惯，要想养成这种习惯，就要先梳理好这些知识和技能，即前面给大家介绍的"两个基本点"的内容。

比如关于"感知力沟通"，我给大家介绍了许多相关的理论知识，也给大家介绍了关于技能的演练方法，接下来可以结合这些知识和技能进行自我觉察力的反思。

具体可以从以下几个方面开始：

1）我和沟通对象在一起的时候是否主动去感知对方了？

2）我在考虑对方的感知方面做得如何？

3）沟通时，哪些细节我没有及时留意并给予有效反馈？

4）我在给沟通对象反馈的时候是否按照四步骤进行？具体每一步是如何组织语言的？

5）我在哪些方面做得不够好？

6）我做事情有没有失去对情绪的控制？

以上几方面可以帮助我们进行反思，在反思的过程中不断地总结，使自己的沟通能力获得提高。然而要做到这一点，并不是那么容易，因为我们首先要放空自己，才能开始真正的思考。这里给大家介绍一些我自己的体会。

以往，我在开展工作的时候养成了一个习惯，即每天上午开始工作前，都要拿出20~30分钟时间用于思考。首先，我会围绕今天即将要做的一些事情进行预想。其次，我会对自己昨天的状态以及和沟通对象在一起时的表现进行反思。这种思考给我带来了特别大的帮助。

在职场打拼的大部分人，每天都要面临各种各样的复杂事务，每天的工作节奏非常快，因此几乎没有时间静下心来思考。而思考是通过自我觉察的方式，真正搞清楚自己有哪些可以进步或者提高的地方。因为思考构成了我们一切认知的基础，它会在很大程度上影响我们的行为以及结果，其重要程度

感知力决定沟通成败
Perception Determines
Communication Success or failure

不言而喻。

我给大家谈一些这种思考方式带给我的感受。

我在从事管理工作的时候，经常向团队强调的一点就是每天拿出20～30分钟的时间静下心来放空自己并进行思考。当然，这些思考都是围绕着相应的知识与技能展开，与工作相关的、与个人能力提升相关的所有方面都可以用这种方式进行思考。

比如沟通技巧。每次沟通结束之后，你都可以围绕与沟通对象在一起的细节，比如对方的一个表情、一句话、你是如何表现的等，围绕你了解的知识与技能随时随地进行反思。令人遗憾的是，很多人一直处于繁忙和紧张的状态，根本没有机会去认真反思和思考。就像很多人只是低头快走、从不抬头看路一样。我身边存在许多这样的人，他们的进步与能力提升都受到了很大的阻碍。

举一个例子，就是培训和开会时手机对我们的影响。

我在培训的过程中也经常会问：大家有没有考虑过，是你管理手机还是手机管理你？其实测试方法非常简单，如果手机面朝上放，只要它一亮你就想看的话，那一定是手机管理你。如果把手机面朝下放，真正在需要去看的时候再去看，比如课间休息的时候，这才是你管理手机。对待手机的这两种不同态度，能反映出我们是否能够真正有效地管理自己的时间以及行为。

我们周围很多人真正能够集中注意力的时间很短，一般不会超过10分钟，无论在培训时还是在开会时，我经常看到很多人时刻在查看自己的手机。这种行为，可以用注意障碍来形容，如果总是保持这种习惯，你的沟通对象会感觉到你失去了专注力。这种专注力的缺失一定会导致沟通失败。

我建议大家每天抽出20～30分钟进行专注反思和思考，就像进入一个无人区一样，先不用考虑业绩结果以及一些合作伙伴提出的各种各样的要求，只要思考前面提到的这几个问题就好。对这一类问题的思考，一定会提升你的自我觉察力。

最近经历的一件事情，让我对提升自我觉察力有了更进一步的认识。在一个公司培训期间谈到时间管理问题，当介绍角色理论的时候，有一位同事的分享让我感慨良多。

每次谈到时间管理问题的时候，我会先给大家介绍关于角色理论的知识。我会告诉大家，我们在生活和工作中同时扮演着不同的角色，比如子女、父母、朋友、职员等，还有一个重要的角色就是自我。我一直认为自我这个角色扮演得好或坏，是其他一切角色的基础，如果没有扮演好自我这个角色，那其他的角色是无法扮演好的。如何能够让自己扮演好各个角色呢？我们要注意以下两点。

第一，每个角色都要有自己的诠释，即你是如何看待这个角色的。比如自我这个角色，我对它的诠释就是：这是最重要的角色，是一切角色赖以实现的基础，因此我要特别关注个人情商的培养、知识的积累和身心的健康。

第二，明确这个角色应当承担的责任和任务以及针对这个角色设立的一些长期目标和短期目标。只有对这些相应角色的责任以及长短期目标都思考得比较清楚的时候，我们才能做好时间的管理。比如自我这个角色，我给自己设定的任务是：要不断学习，不断更新知识；定期进行体育锻炼以保持身体健康等。

以上就是对于角色理论的简单介绍。我们要给每个角色进行诠释，明确要承担的责任以及设定目标进行时间管理，同时确定重要的事情，并且安排好自己的时间。

在那次培训课上讲到这一段的时候，有一位年龄比较大的女学员特别有感触，她主动向我们分享了发生在她自己身上的一件事情。

两年前，也就是40岁的时候，她很不幸被查出患了乳腺癌。在手术包括后来的化疗和放疗期间，她从刚开始的不能接受、质疑到后来平静地接受并配合医生的治疗过程中产生了很多思想上的变化。角色理论让她对自己的思想变化有了更深的了解。

她说，以前她可能把更多的精力投入了工作中，忽略了子女、父母、妻

感知力决定沟通成败
Perception Determines
Communication Success or failure

子甚至自我的角色。在她治疗期间，工作中的这个角色不得不放下，所以她才有了更多的时间用于思考，究竟什么对自己的人生更有价值和更有意义。

她觉得如果自己这次挺不过去的话，会留下很多遗憾。作为子女，没有更多的时间照顾父母；作为母亲，没有足够的时间陪伴和见证孩子的成长；作为妻子，对于丈夫的关心不够；而作为自我，好像每天是在为自我做很多事情，但其实细想一下基本上是一切以工作为中心，并没有过多地关注自我，以致忽视了自己的健康。她特别感慨地告诉大家，如果自己身体恢复得不错，可以重新回到工作岗位，她一定会做一个很大的改变，就是平衡自己所扮演的各个角色。她说她一定会在做好工作的同时，兼顾好其他的角色，分配好自己的时间。她会在应该陪父母的时候一定去陪父母，应该与孩子多沟通的时候一定花时间和孩子多沟通，应该关心丈夫的时候一定让丈夫感觉到自己的关心，让自己不留任何遗憾。

她在分享自己经历的时候泪流满面，她说自己的父母年龄大了，在知道自己得病之后非常痛苦，很心疼她，还要在她面前表现出积极的样子鼓励她，告诉她一定能够战胜病魔；自己的孩子仿佛一夜之间就长大了，非常懂事地照顾她；还有自己的丈夫，在她刚开始情绪崩溃时如何细心呵护她。全场所有人无不为之动容，我当时也非常感动，泪水模糊了双眼。在这位学员分享完之后，我也接着这个话题给大家谈了各个角色之间的平衡有多么重要，告诉大家千万不要因为对于某一个角色过度看重而忽视了其他的角色。

看到这里，大家也许会问：这和我们要谈的自我觉察力的思考有什么关系呢？

这正是我想和大家分享的地方。我认为自我觉察力的思考，其实能够让我们通过反思来认真思考自己在各个角色之间的平衡做得如何。因为我看到很多人在投入工作时往往会忘记一切，忘记了自己还承担着这样或者那样的角色，而只是一心投入工作中。直到发生一些重大变故的时候，比如自己生了重病或者亲爱的人离自己而去，这时才会意识到原来自己错失了很多很多角色。

因此，这种自我觉察力的思考时刻让我们可以觉察自己，提醒自己是否承担了该承担的责任，以及付出了应该付出的时间。这样的思考可以时刻提醒我们一定要安排好自己的时间，做好各个角色之间的平衡，这样才能让自己不留遗憾。

我希望大家在角色扮演方面时刻进行自我觉察力的思考及反思，看自己是否忽略了某些角色、忽略了某些该分配的时间。该做的事情要立刻去做，而不是非要等到发生一些重大变故的时候才遗憾地说有些事情在该做的时候忽略了它。有很多事情是无法弥补的，这同样需要我们增强自我觉察力的思考与反思。

由此可见，这种自我觉察力的提升是一个人行为改变的基础，无论对工作还是生活都同样重要。我强烈建议大家养成反思的习惯，通过增强自我觉察力来判断自己在哪些方面还有提升的空间，而这种提升不仅是增强感知力的基础，还是提高自己思维水平的一种重要方式。

如果没有反思，经历永远只是经历，无法转变成对我们有价值的经验。

让我们围绕着知识与技能这两个基本点，用增强自我觉察力的方式开始反思，走出"迷之自信"，踏上"开悟之坡"，早日到达"大师的平稳高原"。

三、感知力沟通的深层次反思

前面围绕着知识和技能给大家介绍了反思的方式，毫无疑问这非常重要。如果我们向更深的层次进行思考，就会发现除了知识和技能这些显性的因素，还有许多隐性因素。

比如沟通，如果技巧是我们能看到的影响因素，一定还有一些我们看不到的因素，但是它们有非常重要的影响力，这些因素就是接下来要和大家分享的内容。

我们身边有一些人，不是特别能言善辩，似乎沟通能力不是很强，但是

感知力决定沟通成败
Perception Determines
Communication Success or failure

他们在和你沟通一件事情的时候,很容易取得你的信任,也就是你觉得他们是品质很好的人、值得相信的人。所以,即使他们沟通技巧稍微差一些,也能达到与别人沟通和合作的目的。

也有一些人,沟通技巧好像很好,无论是面部表情、肢体语言、同理心还是倾听的层次都运用得很到位,但是你对他们的感知似乎很差,信任感也不足。这些人要想达成沟通目的,自然会有一些难度。

从这两种人的对比中,我们能得出一个结论:一定有比沟通技巧更重要的因素影响着人们的感知以及沟通的结果。究竟是什么?

我想引用大家都知道的两个概念来阐明这两者的关系,就是"道"和"术"的关系。

什么是"道"?什么是"术"?关于这两者的关系,我们可以这么理解:道是精神和品德,术是外在的修为;有道无术,术尚可求也;有术无道,止于术。有内在的精神和品德而没有外在的修为,那么外在的修为是可以求到而学成的。只有外在的修为而没有内在的精神和品德,那么只能停止于外在的修为。

我们要达成共识的一点是技巧永远只是技巧,它是在"术"的层面。技巧要想发挥更大的作用,有一个重要的基础,就是到达"道"的层面。按前面的诠释,"道"是精神与品德,那么精神与品德如何体现出来?这值得我们一起思考。把这些方面总结出来,在日常生活和工作中不断地反思,不断地改进,就一定会让沟通对象对我们的感知印象越来越好,从而达到沟通目的。

接下来的这一部分内容是感知力沟通的基础,是"道"的内容,只有在这个"道"之上,再以"术"作为技巧,才能达到更好的沟通效果。

"道"就像盖房子打下的地基,大楼要想盖得高,地基就要打得深,而且越深越好。我们一起来思考一下什么样的关键因素会影响地基。

如果你认为自己的精神与品德非常高尚,那么别人如何能"感知"到呢?难道你整天把这些挂到嘴边,别人就认为你高尚了吗?我们周围有些人经常挂到嘴边的话就是"以德服人",结果总是有朋友开他的玩笑说"缺啥喊啥"。

我们可以思考一下:究竟是什么在影响着别人对我们的感知?回到本书一开始谈到的"感知"概念:人类用心念来诠释自己器官所接收的信号,称为感知。

我们的感知,都是在自己心念的作用下完成的。人的心念对刺激信号进行解读与破译,并在内心产生各种感觉。这种感觉的变化,就是人的心念对于外在事物的一种主观反映。

如果我们只是嘴上说我们的精神与品德很高尚,就能让别人形成这样的感知吗?显然是不可能的。因此,要想让别人对我们有这样的感知,必须让对方通过他观察到的一切来形成这样的主观反映,而对方能观察到什么呢?我们的行为。

只有行为才能够被对方感知,所以我们接下来讨论影响"道"这一层面的相关因素,全部都是与行为相关的。

为了便于大家记忆,我总结出两个关键词,分别是"诚信"和"意图",然后结合具体的行为帮大家理解和记忆。

为什么诚信如此重要?因为诚信代表着一个人的品质。我们经常会说这个人的人品怎么样,人品好的人在我们心中的地位相对来讲会比较高,我们对他的信任程度也会比较高。我们可以想一下:身边的人在我们的心中是不是可以分为不同的等级?的确是这样,不同的人在我们心中的诚信等级是不一样的,而这个等级会影响我们和他沟通的结果。在我们心中,诚信等级越高的人,我们越愿意信任他,与他沟通的目的就越容易实现。

这个等级是如何划分的?这来自我们观察到的行为。哪些行为能体现出一个人的诚信?我给大家介绍体现出一个人诚信的重要三点,分别是表里如一、谦逊、勇气。

第一点是表里如一。

哪些行为能体现出你是一个表里如一的人?表里如一来自你是否遵循自

己深层的价值观与信仰，并且表现出的行为与这些价值观和信仰一致。

举例来说，你在别人面前说你是一个尊老爱幼的人，但是你在实际生活中让别人看到你在公交车上不会给老人让座、在街边看见需要帮助的人从不施以援手，这就是表里不一的表现，因为你说的和你做的完全不一样。

还有一点会影响到表里如一，就是是否会在背后议论别人。

我们都有这样的感受，喜欢在背后议论别人的人，尤其是说别人不好的人，在我们心中的诚信一定会受到影响。我们会感觉他在我们面前总说这个不好、那个不好，那么他在别人面前肯定也会说我们这也不好、那也不好，所以我们就会对他的诚信与否打一个问号。

还有一个例子：我曾经工作过的公司里有一个部门的领导，他就属于那种沟通水平挺高的人。我们在一起开会，当有跨部门的同事在场时，他就会说得特别好听，说这位跨部门的同事有多么重要，给他们带来了多大的帮助等。跨部门的同事离开以后，他就会有截然不同的表现，一会儿说别人的支持力度不够，一会儿又说别人的专业能力不行。这种行为当时就让我对他产生了一定的看法，即表里不一。

由此可以明白，哪些行为是表里如一的行为。比如感谢不在场的人。看到哪一位同事能够感谢不在场的人，我会认为这位同事的行为非常好，因为他表里如一，非常诚信。

认可就是认可，真正认可一个人无须考虑他是否在场。由这一点大家可以反思：我日常表现出来的行为算得上表里如一吗？

有人也许会问：跨部门合作的时候，对方确实达不到要求，但是为了和对方继续合作，该怎么沟通呢？是否要顾及对方的面子呢？

我的建议是考虑到表里如一来自是否遵循自己深层的价值观与信仰，并且行为跟这些价值观与信仰一致。也就是说，时刻表现出一致性。哪些地方好就是好，哪些地方需要提高就是需要提高，沟通的时候考虑对方的感受是我们要注意的，大家可以参考前面同理心以及有效反馈部分的内容，当然更重要的是坚持原则，减少模糊地带。

第二点是谦逊。大家可能觉得奇怪，谦逊和诚信之间有什么关系呢？

大家一定听过一句话："饱满的稻穗总是低着头。"这说明什么呢？饱满的稻穗指的是能力强、格局高的人，而越是这样的人往往越会表现出谦逊的态度。他们不会自满，而且对新的事物、观点、想法以及别人提出的建议等表现出尊重，就像前面我们提到的"大师"。

大家也一定听过另一句话："一瓶子不满，半瓶子晃荡"，就像"迷之自信的巨婴"。这代表什么呢？我们可以设想这样的场景：你身边有两位同事，其中一位对你提出的一些建议会虚心倾听和接纳，而另外一位对身边人所提的建议往往是不屑一顾。你会更加信任哪一位同事？我想大部分人会信任那位虚心听取别人建议的同事，因为这位同事在诚信方面表现更好。

说到这里，我们先讲一个大家熟悉的词："空杯心态"。

空杯心态说起来很简单，但是成年人要想具备真正的空杯心态是很难的。这是因为，成年人对事物都会有自己固有的认知。在有自己固有认知的情况下，成年人是否还能听进去别人的建议吗？

我在上课的时候经常举这样的例子，大家也可以这样做一个自我检测。

就我们所学内容，比如如何感知对方，如果你面前有一个杯子，你认为自己固有的经验有多少，你就给这个杯子里面倒多少水。那么，你会倒多少呢？

我在课堂上得到的答案基本上是倒七成或者倒八成。也遇到过一些特殊情况，有很年轻的同事会回答倒九成。这告诉我们，成年人心里面的固有认知一定是存在的。最好不要倒满，只要不倒满，就意味着可以有新的东西进来，这样可以将你现在学到的知识和你的固有认知结合起来，使你的能力得到提升。

这相当于两种很好的酒，倒在一起是什么酒呢？答案就是鸡尾酒。我们如何在日常工作和生活中表现出谦逊呢？其实很简单，可以通过别人在给一个人提建议和反馈的时候，根据他表现出来的四个不同层次的行为来判断，分别是闻过则怒、闻过则辩、闻过则询、闻过则喜。

以上四个层次可以在很大程度上表现出一个人是否是一个谦逊的人。

闻过则喜大家肯定听说过，而前面三种可能没听说过。但是我们在日常生活中可以观察到有大量的现象属于前三种。

第一种是闻过则怒。我们身边有些人，当你给他们提出一些意见或者建议的时候，他们会非常生气，根本不允许你说他们有任何问题。

第二种是闻过则辩。这种人的表现是你给他提出一些意见或者建议的时候，他的第一反应是辩解，而不是去思考自己有哪些地方可以做得更好。我们身边有这种反应的人是不是挺多的？

第三种是闻过则询。这种人的表现相对来讲就要好很多了。别人在给他提意见或者建议的时候，他不会怒也不会辩，而是会主动去问对方，自己究竟是哪里做得不好、能否多说一点。能做到这一点，最起码说明他会有意识地寻找自己的不足。

第四种闻过则喜是最佳状态。这种人的表现就是任何人在给他提出一些意见或建议的时候，他都会非常开心，因为有人给他提建议和反馈意味着他有进步的机会了。

对于这种人，提意见和建议的人一定会特别愿意帮他们进步。有越多的人给你提建议和反馈，你各方面的能力就会提升很快，而且别人会觉得你是一个非常谦逊的人，这种谦逊的行为表现会体现出诚信。

我建议大家在日常的生活和工作中，当别人给你提建议的时候一定要虚心听取，并且要对别人表示感谢。我们可以想象，如果一个人表现出来的是闻过则怒或者闻过则辩，他身边一定不会有人再愿意给他提出任何建议，而是说他什么都好。这样的人能力会得到提升吗？

他所表现出来的自满或者自大一定会影响到他在别人心中的可信度。我们也可以围绕这一点展开反思：在听到别人意见和建议的时候，我们的行为表现是在哪个层次呢？我们表现出谦逊了吗？

第三点是勇气。勇气包含两层含义。第一层含义是在面对压力或者困难的时候，你有没有坚持原则的勇气。假设大家遇到了这种状况，在日常工作中出现了一个问题，以你的专业能力判断，我们应当朝某个方向来做，而专业方面不如你、了解信息不够多的领导，他要朝一个相反的方向去做。你会怎么办呢？你会坚持自己的原则吗？还是领导说往哪走就往哪儿走？

这时，我们的行为就会验证我们在有压力的时候是不是有坚持原则的勇气。这个勇气对于诚信是有很大影响的。有些人也许会说，如果不听领导的，领导的面子往哪儿放？我的看法和前面谈到的与跨部门同事的合作要点是一样的，原则一定要坚持。而要考虑到领导的感受，就要注意说话的方式和方法，比如前面提到的同理心、有效反馈、否定之前先肯定等。我们都听过一句话"墙头草，随风倒"，这种没有原则的表现肯定会影响你的诚信，让大家认为你是一个没有原则的人。因此，在有压力的情况下，依然能够坚持自己的原则就是一种勇气，而这种勇气同样能证明自己的诚信。

第二层含义是有没有承认错误的勇气。

我们身边一定有这样的人，明明自己犯了错误，却没有勇气去承认，而是把责任推给别人。没有勇气承认错误的人，一定会影响他的诚信。

发生在我身边的一件事情给我留下了特别深刻的印象。

在我曾经工作过的一家公司，我们会定期组织客户来公司参观，请他们在员工餐厅一起用餐，用餐后再请一位客户培训经理对客户进行一些培训，通过这种方式给客户留下深刻的印象。这种活动非常有效果，我们几乎每个月都会举办。

有一次，我们团队组织了30多位客户来公司参观，一位同事负责与餐厅及培训经理的沟通确认。他提前发邮件告诉餐厅经理，那一天中午要有30多位客户前来用餐，请餐厅做好相应的准备，餐厅经理也回复邮件进行了确认。结果前一天晚上，由于临时出现了一些情况，客户行程发生了变化，因此第二天不在公司用餐了。

不应该发生的事发生了。我们这位同事忘了通知餐厅经理，所以餐厅按

感知力决定沟通成败
Perception Determines
Communication Success or failure

照邮件确认的客户人数准备了相应的午餐。第二天中午一直没有等到客户前来就餐，于是餐厅经理给我们这位同事打电话询问原因。直到这个时候，我们这位同事才想到他忘记通知餐厅经理了，从而造成了这样的后果。当时我们心里都感觉特别抱歉，因为确实是我们的责任。这些午餐可能要浪费了。

我们这位同事在电话里道歉完之后，挂掉电话突然说了一句让我大跌眼镜、永远忘不了的一句话："有什么大不了的，不就3000块钱嘛！大不了我赔给他！"

如果当时你在这位同事旁边，你听到他说出这句话之后会是什么反应？我相信大家的反应一定和我一样，我感觉这位同事在内心深处根本没有承认自己错误的勇气。因为这件事情，他在我心中的地位确实受到了很大的影响。

在工作或者生活中，如果确实犯了错误，这很正常，因为每个人都会犯错误，但更重要的是犯了错误之后，有没有勇气承认。只有真正敢于承认自己错误的人，才会给周围的人留下负责任、敢担当的印象。

关于"勇气"，我们可以反思以下几个问题：在日常工作与生活中，我在有压力的情况下敢于坚持原则吗？在犯了错误的时候敢于承认吗？在需要承担责任的时候敢于承担吗？

以上是关于如何能够建立诚信的问题。当然还有更多的行为会体现出我们的诚信，这只是一部分。我认为这三点是我们必须做到的，如果连这三点关键行为都没有做到，你在别人心中的诚信等级一定会下降。因此，这三点关键行为值得我们不断地反思。

这是在"道"方面打地基的第一个要素。盖房子要想把地基打得牢固，另外一个要素是意图。怎么理解意图呢？大家可以设想这样的场景：你提着一个行李箱走在火车站，突然跑过来一个不认识的人要帮你提箱子，你会给他吗？我想大部分人不会。如果你提着行李箱在一个五星级酒店办完入住手续之后，行李员要用一个推车帮你把箱子送到房间，你会放心把行李给他吗？一般人会的。

它们的区别点在什么地方呢？就在于你怀疑那个火车站要帮你提箱子的人的意图，因为你不了解他的意图，所以你不会信任他。而五星级酒店的行李员的意图是很清楚的，因此你会信任他，愿意把箱子交给他。

这个例子对我们有哪些启发？不难发现，如果你怀疑一个人的意图，就很难完全信任他。也就是在与沟通对象打交道的时候，你每时每刻所表现出来的意图是怎样的？让对方感觉到你只是为了自己的利益，还是感觉到你是真正在为对方考虑？

替别人考虑的意图表现得越明显，别人就会越信任你。

法国著名作家大仲马的小说《三个火枪手》里面有一句非常有名的话：人人为我，我为人人。（All for one, one for all.）

这句话给了我们什么启发？生活在社会中，每个人都不能只靠自己生活。在工作中也一样，你是不可能只靠自己来取得成绩的。因此，我们首先应该明白的一点是：我要先为别人考虑，别人才会考虑到我。可想而知，任何事情总是把自己的利益考虑在先的人，给别人的感知一定是很差的，想要达成沟通的目的也是很难的。

联系前面我们谈到的格局高低，那么能否考虑到别人，是不是也和格局的高低，也就是认知范围以及思维高度息息相关呢？

自私的人是怎么被别人感知的？其实就来自他日常的行为总是只考虑自己的利益，而很少考虑别人。稍微累一点、需要多付出一点的工作，他永远都会推给别人；会得到一些好处的事情，他永远都冲在最前面，生怕自己吃一点亏。

一旦观察到身边的人有这些行为，在和他沟通的时候，你心里是不是会打鼓？因为你实在不知道他会不会带给你意想不到的"惊喜"。正因为这样，他给别人的感知很差，因为大家对他形成的感知就是他只考虑自己，从而对他的信任程度也很差，所以他想要达成沟通目的会很难。

　　同样，我们也要反思自己，在意图方面，我平常是否有为他人考虑过？大家都认为我是为了大家，而不是只为了我自己吧？

　　诚信与意图的这些具体行为表现，决定了一个人会如何被别人感知。我认为，这些属于"道"的层面的重要程度一定高于技巧的"术"。如果只用"术"而忽视"道"的话，对沟通不仅起不到帮助作用，反而会起到阻碍作用。因此，在反思的时候，永远是"道"在先，"术"在后。

四、感知力沟通反思后的行动

　　在我们养成反思的习惯之后，接下来就是如何行动。只反思不行动没有任何意义。我们身边很多人都会进行反思，不过是否有实际行动才是区分不同人的重要因素。

　　我们从小就听老师说千万不要做"语言的巨人，行动的矮子"，但遗憾的是我们有时候做不到。如何才能在反思后有行动呢？

　　首先要看到这件事情对自己的重要性。一件事情越重要，对你影响越大，你就会有越强烈的愿望去改变它。联系我给大家谈的"感知力决定沟通成败"，这里再次强调这句话："21世纪，感知比知识更重要。"

　　在沟通的过程中，我们是否能够感知别人，能否让别人对自己有更好的感知非常重要。这会影响我们在别人心中的印象，自然也会影响沟通的目的和效果。希望大家能够认识到感知力沟通的重要性。

　　在认识到感知力重要性的基础上，还有以下几点建议分享给大家。

1.反思之后的行动必须有一个目标

　　有目标的人走路总是会比没有目标的人走路快，这是事实。关于目标的设定，大家应该深有体会，在这里无须多谈。

为什么我们在日常工作和生活中会有许多想法，但是没有转化为行动呢？我们来看一下想法与目标的区别。

期望程度	定义	特征	结果
20%~30%	瞎想想	随便说说，空想，白日梦	很快就忘记了
50%	想要	有最好，没有也罢。三分钟热度。有困难就退缩	十有八九不成功
70%~80%	很想要	会付出努力，克服困难，但容易放弃	靠运气成功
99%	非常想	非常努力，但在关键时刻没有排除万难、坚持到底	成功的可能性已经大大提高
100%	一定要	不惜一切代价，达不成比死还难受	成功

看了这个对比之后，我们也可以反思一下：在日常的工作与生活中，我们有多少是想法，有多少是真正想要实现的目标？

如何实现目标呢？大家可以参阅一下SMART原则。目标设定越符合SMART原则，越能够转化为行动，容易取得成功。

SMART原则是用于设定目标的指导原则，适用于我们在生活和工作中的目标管理。SMART原则的内容如下。

Specific	明确清晰地说明要达成的结果及要求。
Measureable	具体、量化、可衡量。
Achievable	目标可达成，且具有挑战性。
Realistic	要在个人职责与能力范围内。
Time-bound	要设置时限。

练习：在给减肥设定的目标中，以下哪个符合SMART原则？

- 我要减肥。
- 我要在今后的2个月内通过增加锻炼减肥。
- 我要在今后的2个月内通过增加锻炼减肥30公斤。
- 我要在今后的2个月，每天锻炼60分钟，减肥1公斤。
- 我要在今后的2个月，每天花60分钟慢跑5公里，以减肥5公斤。

由此可见，目标设定越符合SMART原则，越能够有效地指导行动。

练习：给你关于沟通技能一个行为的改变设定一个符合SMART原则的目标。

_____

_____

2.必须及时接受反馈，发现自己的盲区

我们总是以为自己的反思很深入本质，但有时候确实不够全面，因此要经常邀请别人给自己反馈并虚心接受。

乔哈里视窗（Johari Window）是一种关于沟通的技巧和理论，也被称为"自我意识的发现——反馈模型"，这个理论最初是由乔瑟夫（Joseph）和哈里（Harry）在二十世纪五十年代提出。视窗理论将人际沟通的信息比作一个窗子，并分为四个区域：公开区、隐藏区、盲目区、封闭区（图5-2）。人的有效沟通就是这四个区域的有机融合。

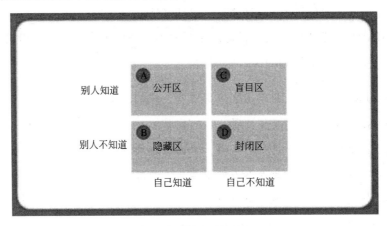

图5-2 乔哈里视窗模型

公开区是自己知道、别人也知道的信息。例如，你的家庭情况、姓名、部分经历和爱好等。开放区具有相对性，有些事情对于某人来说是公开的信息，而对于另一些人可能是隐秘的信息。在实际的人际交往中，双方共同的公开区越多，沟通起来越便利，越不易产生误会。

盲目区是自己不知道、别人却可能知道的盲点。例如，你性格上的弱点或者坏习惯、你的某些处事方式、别人对你的一些感受等。举个简单的例子，你吃完饭没有漱口，门牙上沾了绿油油的菜叶子，大家都看到了，只有你自己不知道，这就是典型的盲点。反思现代社会，为什么有些地位和权势越高的人，越难听到关于自己的真话？这是因为围绕着这些人的往往是一些阿谀奉承的人和话。如果当事人没有博大开放的胸怀容纳一些敢于对自己讲真话的朋友或善于直言的下属，他的盲目区有可能越来越大。盲目区越大，这个人越有可能会处在"愚昧山峰"。结合前面提的"闻过则怒"与"闻过则辩"的人，他们的盲目区是不是很大？

隐藏区是自己知道、别人却可能不知道的秘密。例如，你的某些经历、希望、心愿、阴谋、秘密以及好恶等。一个真诚的人也需要隐藏区，完全没有隐藏区的人是心智不成熟的。但在有效沟通中，适度地打开隐藏区，是提高沟通成功率的一条捷径。

封闭区是自己和别人都不知道的信息。例如，某人身上隐藏的疾病。未知区是尚待挖掘的黑洞，也许通过某些偶然或必然的机会，一个人对自己有了较为深入的了解，对自我的认识也不断深入，他的某些潜能就会得到较好的发挥。

乔哈里视窗模型后来成为广泛使用的管理模型，用来分析以及训练个人的自我意识，在信息沟通、人际关系、团队发展、组织动力以及组织间关系等方面发挥了很大的作用。

（1）在公开区的运用技巧

善于交往的人、非常随和的人容易赢得别人的信任，容易和他人进行合作和沟通。要想使你的公开区变大，就要多说、多问，了解别人对你的意见和反馈。

这也从侧面告诉我们，多说、多问不仅是一种沟通技巧，也是赢得别人信任的一种手段。要想赢得别人的信任，就要多说，同时要多问，寻求相互的了解和信任，因为信任是沟通的基础，有了基础，建设高楼大厦就不难。

每个人都要尽可能扩大自己的公开区，主动沟通，使别人了解自己，主动告诉别人自己能够做什么；同时多关注别人，了解别人的更多信息。

（2）在盲目区的运用技巧

如果一个人的盲区最大，他会是一个什么样的人？也许他是一个不拘小节、夸夸其谈的人。他有很多不足之处，别人看得见，自己却看不见。造成盲区太大的原因就是他说得太多，问得太少，不去询问别人对他的反馈。所以在沟通中，不仅要多说，而且要多问，积极主动寻求别人对自己的反馈，以免盲区过大的情况发生。

（3）在隐藏区的运用技巧

如果一个人的隐藏区最大，那么关于他的信息，别人都不知道，只有他自己知道。这说明，他是一个内心封闭的人或者是个很神秘的人。这样的人，我们对他的信任度是很低的。如果与这样的人沟通，合作的欲望就会少一些。因为他很神秘、很封闭，往往会引发我们的防范心理。

为什么他的隐藏区最大？这是因为他问得多，说得少。他不擅长主动告诉别人自己的情况。因此，我们可以适当将自己一些隐藏区的信息主动告诉对方，以扩大我们的公共区，增加他人对我们的信任。要注意的一点是，选择告诉对方什么信息，一定要根据实际情况循序渐进，千万不可以过度，否则会给别人一种诧异的感觉，这反而会对建立信任起阻碍作用。

（4）在封闭区的运用技巧

封闭区大，就是关于一个人的信息，他自己和别人都不知道。这样的人，他不会问别人是否了解自己，也不会主动向别人介绍自己。封闭使他失去了很多机会，使他能够胜任的工作也可能从他身边悄悄溜走了。

3.不断改进反思过程，让其适合自己

我们都有这样的体会，在学习、成长的过程中，别人的方法不一定适合自己，只有适合自己的方法才是最好的。如何知道什么是适合自己的方法，也需要不断总结和反思。用自己的语言重新组织反思的过程，通过实践和改进，你会觉得越来越得心应手。只有对症下药，找准问题的核心，针对问题

的本质，问题才能得到解决。

因此大家可以通过不断总结，找到最适合自己的反思方法。就像我们在上学的时候，一定有一些只属于自己的学习方法。

到这里，本书的内容已经接近尾声了。相信大家通过阅读本书了解了感知力沟通的重要性，也学习了一些有效的方法。俗话说得好："知易行难。"大家如何对自己有更好的自我认知，以便了解自己在哪些方面还有可以提高的地方呢？

我告诉大家一个测试工具，它可以帮助大家获得关于感知力沟通的一些反馈，帮助大家进行反思和提高，并且它可以随时运用，具体方法如下。

请大家找一个搭档，自己的亲人、朋友、同事都可以。

第一步：请大家在以下话题中选取一个，要求是你们的观点相反，两人讨论确认（如果都不合适的话，你们也可以自己选取一个话题，只要两人呈相反观点即可）。

◎ 研究生学历重要吗？

◎ 爱情都会转变为亲情吗？

◎ 整容可以使人在职场的发展更加顺利吗？

◎ 一定要让孩子上名校吗？

◎ 在一线城市是买房好还是租房好？

◎ 男女之间有没有纯粹的友谊？

◎ 外地人在一线城市生活越来越难吗？

◎ 你认同善意的谎言吗？

第二步：请大家就选定的话题进行5分钟的讨论，表达自己的观点，最好能够说服对方接受自己的观点（最长不要超过10分钟）。

第三步：停止讨论，翻到本书附录，就附录中的每一个选项给你的搭档打分。

第四步：根据彼此给对方的打分，结合反馈技巧给对方进行反馈。

第五步：结合对方给你的反馈进行反思，制订相应的改进计划。

相信大家通过这个测试，能够增加自我认知，了解自己在沟通方面有哪些好的习惯和自己没有注意的盲点，帮助我们有针对性地提高。

最后，希望大家阅读本书会有所收获，掌握感知力沟通的技巧，让这些技巧给大家的工作和生活带来帮助，祝愿大家每天开心，幸福安康！

后　记

本书从构思、内容设计到编写经历了一年多的时间。每年我在美国管理协会的沟通培训课程都在 50 天左右，每一次课程结束后都会与许多学员成为朋友。大家特别乐于同我交流在实际生活和工作中关于沟通的各种经历，其中有经验也有教训。大家也都感慨要是早点能够从提升感知力的角度去沟通，就可以少走许多弯路。因此，我萌生了通过一本书来让更多人在阅读和反思中提升沟通技巧的想法。

写一本书不容易。我在美国管理协会的工作非常紧张，大部分时间是在机场、酒店和培训地点度过。因此，基本上是用晚上在酒店、飞机上以及各种业余时间写作。而 2020 年初，因为疫情，大量的线下培训课程都推迟了，于是我有了大量的时间可以用于写作。期间，我确实有一些感慨想和大家分享。

1. 人类是善于遗忘的，所以需要不断反思

尽管我们知道"以史为镜，可以知兴替"，但是纵观历史，相同的事情一次一次地在重复发生。

我们每个人都要不断地反思自己，从最简单的沟通习惯开始，比如照顾别人的感受，如果社会上每个人都能够养成这样的反思习惯，我坚信每一个人的进步必然会形成全社会的进步，而在这种进步中不断反思，就会形成一个良性循环，从而避免类似的事件再次发生。

2. 尽管人类在技术上取得巨大进步，人和人依然需要无时无刻的沟通

我们必须承认人类在技术上取得的进步是巨大的，但再大的技术进步也离不开沟通。

技术的进步给沟通带来了革命性的巨变，从以前的有线电话到传呼机到手机，再到我们以前无法想象的视频电话。伴随着 5G 的日益成熟，会有更新的技术得到普及，不过感知力沟通的基本要素是永远不会变的，比如主动发起沟通、在沟通的过程中更好地感知对方、考虑对方的感受，从而发出有效的"声音"等。这些都是技术手段永远解决不了的问题。

3.打动人心的优良品质永远不会改变

在本书中的反思部分，我提到了"诚信"和"意图"。这些优良的品质永远是最重要的，它们就是盖房子的地基。如果我们忽视了这些优良品质，不关注能体现这些品质的行为，即使拥有再先进的技术、再熟练的技巧，也不会达到沟通效果。而且我们会发现，身边的人都将和我们保持距离。因此，这些基本的优良品质永远是我们要保持的。

附 录

感知力沟通评估打分表

问题	得分					
对方和我有眼神接触,并表示对我的意见感兴趣	1	2	3	4	5	N/A
对方勇于就他感兴趣的问题及时发问	1	2	3	4	5	N/A
对方的肢体语言以及语音语调表达自然,能够吸引我	1	2	3	4	5	N/A
对方的语言组织考虑到我的实际情况,让我容易理解	1	2	3	4	5	N/A
对方能够运用倾听技巧听懂我的"弦外之音"	1	2	3	4	5	N/A
在我讲话时,对方没有打断我	1	2	3	4	5	N/A
对方态度真诚、前后一致、直截了当	1	2	3	4	5	N/A
使用描述性语句,并非评价性语句	1	2	3	4	5	N/A
交流中时刻关注我的感受,尊重彼此的对立观点	1	2	3	4	5	N/A
定期确定双方达成共识的领域	1	2	3	4	5	N/A
针对每个否定句,都有3~5个肯定句来回应	1	2	3	4	5	N/A
关注的焦点是问题本身,而非个人品质评价	1	2	3	4	5	N/A
说完三四句话后,停下来让对方发言	1	2	3	4	5	N/A

注:坚决不同意—1;不同意—2;保持中立—3;同意—4;非常同意—5;如果没有观察到类似行为,请选择"N/A"。

参考文献

[1] [美]马尔科姆·格拉德威尔. 眨眼之间:不假思索的决断力. 靳婷婷译. 2版. 北京:中信出版社,2014.

[2] [美]史蒂芬·M. R. 柯维,丽贝卡·R. 梅里尔. 信任的速度:一个可以改变一切的力量. 王新鸿译. 北京:中国青年出版社,2011.

[3] [美]奈德·赫曼. 全脑优势. 宋伟航译. 北京:中国人民大学出版社,2006.

[4] 南怀瑾. 论语别裁. 上海:复旦大学出版社,2005.

[5] [美]霍华德·加德纳. 多元智能. 沈致隆译. 北京:新华出版社,1999.

[6] [美]史蒂芬·柯维. 高效能人士的七个习惯. 顾淑馨,常青译. 北京:中国青年出版社,2002.

[7] [美]科里·帕特森约瑟夫·格雷尼,罗恩·麦克米兰,艾尔·史威茨勒. 关键对话. 毕崇毅译. 北京:机械工业出版社,2012.

[8] 陈彦君,石伟,应虎. 能力的自我评价偏差:邓宁-克鲁格效应. 心理科学进展. 2013(12).

[9] 齐忠玉. 乔哈里窗沟通法:深层沟通的心理学途径. 北京:中国电力出版社,2010.